정토오부경

나무아미타불

아미타경, 무량수경, 관무량수경,
대세지보살 염불원통장, 보현행원품

경전연구모임 편

불교시대사
1% 나눔의 기쁨

정토오부경
나무아미타불

2016년 4월 25일 초판 1쇄 인쇄
2016년 4월 30일 초판 1쇄 발행

엮은이 경전연구모임
펴낸이 이규만
펴낸곳 불교시대사

등록 1991년 3월 20일 제 1-1188호
주소 우)03149 서울시 종로구 인사동 7길 12번지 백상빌딩 1305호
전화 02)730-2500 팩스 02)723-5961
이메일 kyoon1003@hanmail.net

ISBN 978-89-8002-151-2   03220

《정토오부경》에 대한 해설

정토오부경은 《아미타경(阿彌陀經)》, 《무량수경(無量壽經)》, 《관무량수경(觀無量壽經)》 《대세지보살염불원통장(大勢至菩薩念佛圓通章)》 《보현행원품(普賢行願品)》, 이렇게 다섯 가지 경전으로 이루어져 있다. 정토오부경은 말 그대로, 극락세계의 부처님이신 아미타 부처님을 믿고 모든 선근과 공덕을 닦아서 모든 사람들이 극락세계에 왕생하기를 바라고, 또 그러한 사실을 내용으로 펼쳐지고 있다.

그런데 극락정토, 극락세계란 과연 어떤 곳인가? 이곳은 모든 번뇌를 여의고 욕계, 색계, 무색계의 삼계를 뛰어넘은 안락하고 지극히 평정한 곳을 말한다. 또 극락정토란 모든 불·보살들의 한량없는 공덕의 과보로 나타나는 곳이다.

정토사상의 발생과 정토오부경의 성립은 대승불교의 흥기와 더불어 이루어졌다.

《아미타경》은 《무량수경》의 내용이 더욱 핵심적으로 나타난 경전이다. 사지경(四紙經)이라는 별명이 있을 정도로 아주 짧은 경전인데, 《무량수경》을 대무량수경, 대경이라고 하는 데 반해 《아미타경》은 소무량수경, 소경이라고도 한다. 이 경은 극락세계의 장엄을 설하고, 그곳에 계시는 그 수명이 무량하고 수명이 무량한 무량수불, 아미타 부처님에 대해 설하고 있는 부처님의 가르침이다. 이러한 극락에 왕생하기 위해서는 깊은 복덕과 선근 공덕의 근본이 되는 아미타 부처님을 일심으로 전념하라.

《무량수경》은 과거세의 출가수행자, 법장비구의 이야기로부터 출발한다. 성불을 다짐하면서 출가의 길에 나선 법장비구는 자신이 깨달음에 이를 때까지 모두 48가지의 서원을 세웠다. 그것이 유명한 아미타 부처님의 전신, 법장비구의 48 대서원이다. 《무량수경》은 이러한 법장 비구의 48 대서원과 장엄한 극락세계의 광경, 그리고 어떤 중생들이 극락세계에 왕생할 수 있는가 하는 내용을 설명하고 있다.

이 가운데 법장비구의 48 대서원은 다음과 같은 네 가지로 나누어 볼 수 있다. 첫째는 불국토, 다름아닌 극락정토에 왕생한 사람에 대한 내용이다. 둘째는 그 불국토에 계시는 부처님에 대한 내용이다. 셋째는 장엄하기 그지없는 그 불국토의 광경을 설명하고 있고, 넷째는 그 불국토에 왕생하려면 사람들은 어떻게 수행해야 하는가 하는 문제이다.

이 네 가지 내용을 48가지로 열거하면서 법장비구는 이 서원이 이루어지지 않으면 성불하는 일을 포기하겠다고 다짐하는 것이다. 또 극락세계에 왕생할 수 있는 사람들은 각자 자신의 지은 바 공덕에 따라 세 종류의 사람들로 구분된다. 가장 수승한 근기를 가진 사람들은 상배자이다.

그 다음은 중배자들이다. 이들은 출가하여 선근공덕을 쌓지는 못하더라도 위 없는 보리심을 일으킨 사람들이다. 마지막으로, 하배자는 비록 여러 가지 공덕을 쌓지는 못하더라도 위 없는 보리심을 일으킨 사람들이다.

《관무량수경》은 마가다국의 빔비사라왕의 왕비이자 아자세왕의 생모인 위제희 부인을 대상으로 설해진 경이다. 태자이던 아자세가 데바닷타의 꾀임에 빠져 부왕 빔비사라왕을 가두게 된다. 그리고 모친 위제희 부인마저 가두고 나아가서는 이들을 살해하려고 마음 먹게 되는데, 이 때 유폐된 왕비 위제희 부인이 부처님께 설법을 청하는 데서부터 《관무량수경》은 시작된다.

부처님은 괴로움에 빠진 위제희 부인에게 시방세계의 모든 불국정토를 보여 준다. 그 장엄한 불국정토의 모습을 보고난 위제희 부인은 이 다음 생에 아미타 부처님이 계시는 극락세계에 태어나기를 기원한다. 이런 위제희 부인을 위해 석가모니 부처님께서, 극락정토에 왕생하려면 어떻게 해야 하는가, 이런 수행 방법을 일러 주시는 것이 《관무량수경》의 내용이다.

그러기 위해선 사람다운 삶을 위해 인륜과 도덕을 받들 것, 계행을 청정히 지킬 것, 삼보에 귀의하라는 부처님의 말씀에 이어, 《관무량수경》의 핵심적인 가르침인 16관법에 대한 설명이 따른다. 16관법 중 앞의 13가지는 해와 물, 땅, 나무를 비롯해 부처님과 보살을 관하여 마음을 굳게 하고 흐트러지지 않게 하라는 수행법이다. 그리고 나머지 세 가지 관법은 중생들을 근기에 따라 세 종류로 나누고, 다시 이들을 각각 세 종류로 세분, 모두 아홉 유형의 중생들이 자신의 수행에 따라 극락세계에 왕생하는 방법을 설명한 것이다. 이런 내용은 바로 유심정토사상을 대표적으로 보여 주고 있다.

《보현행원품》은 대승경전의 백미인 화엄경-《대방광불화엄경 (大方廣佛華嚴經)》 가운데 가장 널리 알려진 대목이다. 《보현행원품)의 원래 명칭은 《대방광불화엄경입부사의해탈경계보현행원품》이다.

40 《화엄경》 가운데 보현보살이 구도자인 선재동자에게 설한 법문이 그 내용이다. 《화엄경》에선 선재동자가 문수보살의 가르침을 받고 보리심을 발해 53선지식을 차례로 방문한다. 53 선지식 가운데 가장 마지막으로 만나는 보살이 보현보살이다. 선재동자는 보현보살에게 도저히 언어로는 표현할 수 없는 부처님의 공덕을 들으며, 보살이 마땅히 세워야 할 열 가지 행원(行願)을 듣게 된다.

보현보살이 말한 십대원은 보살이 되고자 하는 모든 이들이 언제나 잊지 말아야 할 마음가짐이다. 보현보살의 10대원이야말로, 다른 많은 보살들이 세운 서원들 가운데에서 가장 대표적인 서원이다. 《보현행원품》에서 나타난 10대원은 실제 생활에 있어서 보살이 되기를 원하는 이들이 다른 이웃들에게 어떤 마음가짐을 가져야 하는가 하는 문제이다. 《보현행원품》에서 주장하는 가르침을 한 마디로 설명한다면 나와 이웃이 결국 한 몸이라는 동체대비(同體大悲)의 화엄사상인 것이다.

위에서 말한 정토오부경은 불교의 유파 중에서도 그 위세가 강한 정토교의 소의경전이 되었다. 정토란 부처님께서 상주하시는 청정국토를 말하는데 바로 이곳에 태어나고자 하는 정토왕생사상은 부처님의 말씀을 믿는 사람들에게 아주 중요한 문제였다. 그러나 불교에서 말하는 정토는 아미타 부처님이 계시는 아미타 극락정토만이 아니다. 도솔천이라 일컬어지는 미륵정토가 있고, 약사 여래의 정유리세계를 말하는 약사정토가 있으며,

보타락가산 관세음보살이 계시다는 관음정토가 있다. 그런가 하면 비로자나여래의 연화장세계, 즉 화엄정토도 있다. 그렇지만 많은 사람들이 가장 대표적인 정토로 쉽게 연상하는 것은 아미타 부처님을 간절히 부르면 누구나 태어날 수 있다고 믿은 미타정토였다. 지금도 흔히 들을 수 있는 나무아미타불이란 염불 자체가 바로 아미타 부처님이 계시는 정토에 태어나겠다는 발원이다.

그러나 정토신앙의 주요한 의미는 단순한 극락왕생에만 있는 것이 아니다. 정토사상의 최대 목적은 보살의 정신으로 이 현실의 부조리를 정화하고 보다 살기좋은 곳으로 발전시켜 나가는데 있다. 그 정신이야말로 정토에 왕생해서 육신통을 갖추어 또다시 이 땅으로 돌아오는 아미타 부처님의 발원을 받침하는 정신이기 때문이다. 바로 이것이 정토신앙에서 간과될 수 없는 발보리심·회향발원의 정신임을 우리는 정토오부경을 통해 알 수 있다.

차례

관무량수경

아미타경

제1장. 이 경을 설하는 인연

이와같이 나는 들었다. 부처님[1]께서 사위국 기수급 고독원에 계실 때였다.

그 자리에는 훌륭한 비구 1천 2백 5십 인이 함께 있었는데, 모두 위대한 아라한 성자들로, 널리 여러 사람들에게 잘 알려진 선지식들이었다. 장로수보리, 마하목건련, 마하가섭, 마하가전연, 마하구치라[2], 리비다[3], 주리반타가[4], 난타, 아난, 라훌라, 교범바제[5], 빈두로파라타[6], 가루타이, 마하겁빈나, 박구라, 아누루타, 문수사리법왕자[7]와 아일다보살[8], 건타하제보살, 상정진보살 등 여러 제자들과 위

---

1. 부처님/ 10대 제자 ①사리불 ②목건련 ③대가섭 ④아나율 ⑤수보리 ⑥부루나 ⑦가전연 ⑧우바리 ⑨라훌라 ⑩아난.
2. 마하구치라/ 나한의 이름.
3. 리바다/ 부처님의 제자.
4. 주리반타가/ 주리 반득, 16나한 가운데 하나.
5. 교범바제/ 율을 제일 잘 이해했다는 부처님 제자.
6. 빈두로파라타/ 부처님의 제자 16나한 중의 한 분.
7. 문수사리법왕자/ 문수보살.
8. 아일다보살/ 미륵보살.

대한 보살들, 그리고 범천과 제석천 등 헤아릴 수 없이 많은 천상의 대중들도 자리를 함께하였다.

제2장. 극락세계의 공덕장엄

그 때 부처님께서 사리불에게 말씀하셨다.

"여기에서 서쪽으로 10만억의 불국토를 지나서 한 세계가 있는데, 그 이름을 극락이라 하느니라. 그 곳에 계시는 부처님을 일러 아미타 부처님이라 하며, 지금도 바로 그 극락세계에서 설법하고 계시느니라.

사리불아, 그 나라 이름을 어찌하여 극락이라고 하는지 알겠느냐?

그 나라의 중생은 아무런 괴로움이 없고, 다만 모든 즐거움만을 누리므로, 극락이라 이름하느니라. 사리불아, 또 극락세계에는 일곱 겹의 난간이 있으며, 일곱 겹의 그물이 드리워져 있다. 또 일곱 겹의 가로수가 무성한데, 이러한 것들은 모두 금·은·청옥·수정의 네 가지 보배로 이루어져 온 나라를 둘러싸고 있으므로 이 나라를 일러 극락이라 하느니라. 사리불아, 또 극락세계에는 칠보로 된 연못이 있는데, 여덟 가지 공덕을 갖춘 청정한 물이 그 안에 가득하다. 그 보배 연못 바닥은 순전히 금모래로 깔려 있고, 사방 연못가의 층계는 금·은·유리·파려 등의 보배로 이루어져 있느니라.

그리고 그 층계 위에는 누각이 있으며, 거기에는 금·은·유리·파려·자거·진주·마노 등 칠보로 장엄하게 꾸며져 있느니라.

또 보배연못 가운데는 큰 수레만한 연꽃이 수없이 피어 있다.

푸른 꽃에서는 푸른 빛이 나고, 노란 꽃에서는 노란 빛이 나며, 붉은 꽃에서는 붉은 빛이, 흰 꽃에서는 하얀 빛이 난다. 그 빛들은 지극히 미묘하여 향기롭고 정결하기 그지없다.

사리불아, 극락세계는 이런 공덕과 장엄으로 이루어져 있느니라. 그리고 극락세계에는 항상 천상의 음악이 맑게 울려 퍼진다. 또 황금으로 이루어진 땅 위에는 밤낮으로 끊임없이 저 하늘의 만다라꽃이 비 오듯 흩날리고 있느니라.

그래서 극락세계의 중생들은 새벽마다 온갖 아름다운 꽃들을 꽃바구니에 담아서, 다른 10만억 불국토의 부처님들께 공양하느니라. 그리고 바로 끼니 때가 되기 전 극락세계로 돌아와서 밥을 먹고는 산책을 하느니라.

사리불아, 극락세계는 이와 같은 공덕과 장엄으로 이루어져 있느니라.

그리고 사리불아, 극락세계에는 여러 가지 빛깔의 신기

한 새들이 있다. 백조와 공작과 앵무새, 라시래, 가릉빈가[9], 공명새[10], 이런 새들이 밤낮없이 항상 평화롭고 아름다운 소리로 노래를 하느니라. 그 소리는 한결같이 설법 아님이 없으며, 오근[11]과 오력[12] 칠보리[13]와 팔성도[14] 등 깨달음을 얻어 성불하는 가르침을 아뢰고 있느니라. 그래서 극락세계의 중생들은 이 소리를 듣고, 부처님을 생각하고, 불법을 생각하고, 불제자를 생각하는 마음이 더욱 간절해지느니라.

사리불아, 그대는 이 새들이 이 세상의 다른 새들처럼, 죄를 지은 과보로 태어났다는 생각은 하지 말라. 왜 그런가 하면, 극락세계에는 지옥·아귀·축생 등의 삼악도가 없기 때문이다.

사리불아, 그 땅에는 삼악도가 없는데 어떻게 축생인

---

9. 가릉빈가/ 사람머리를 하고 새의 몸을 한 상상의 동물. 묘하고 아름다운 소리로 노래한다고 함.
10. 공명새/ 몸이 하나에 머리가 둘 달린 새. 설산에서 산다고 함.
11. 오근(五根)/ ①신(信): 삼보와 인과의 도리를 믿는 것. ②정진(精進): 애써 수행함. ③념(念): 항상 바른 도리를 잊지 않는 것. ④정(定): 마음이 흩어지지 않게 정신통일 하는 것. ⑤혜(慧): 지혜로써 도리에 어긋나지 않게 하는 것.
12. 오력(五力)/ 오근을 닦아서 능히 악을 없애는 힘을 말한다.
13. 칠보리(七菩提)/ 칠각지라고도 함. 도를 닦을 때 그 진위를 구분하는 일곱. ①택법: 법의 진위를 간택함. ②정진: 정법에 의해 노력함. ③희(喜): 진정한 법열을 느낌. ④제(除): 그릇됨을 없앰. ⑤사(捨): 들뜨는 마음을 버릴 것. ⑥정(定): 선정에 들어 망념을 일으키지 않음. ⑦염(念): 진리를 계속 상념해 마음의 평정을 갖는 것.
14. 팔성도(八聖道)/ 팔정도를 말함. ①정견. ②정사유. ③정어. ④정업. ⑤정명. ⑥정정진. ⑦정념. ⑧정정.

새가 있을 수 있겠느냐? 이러한 여러 새들은 모두가 아미타 부처님께서 법문을 널리 베풀고자 하시는 자비로운 위신력이 변하여 생겨난 것이니라.

사리불아, 극락세계에는 서늘한 미풍이 불어서 갖가지 보배나무와 갖가지 보배그물을 흔들면, 마치 백 천 가지의 음악이 일시에 울리는 것 같으니라.

그래서 이 소리를 듣는 사람은 누구나 다 부처님을 생각하고, 불법을 생각하고, 불제자를 생각하는 마음이 절로 우러나느니라.

사리불아, 극락세계는 참으로 이런 헤아릴 수 없는 공덕과 장엄으로 이루어져 있느니라.

사리불아, 그대는 저 극락세계의 부처님을 어찌하여 아미타 부처님이라 부르는지 알고 있느냐? 사리불아, 그 부처님의 광명은 한량이 없어서, 시방세계를 모두 비추어도 걸림이 없다. 그러므로 무량한 광명의 부처님(無量光佛), 곧 아미타 부처님이라고 하느니라. 또한 그 부처님의 수명과 그 나라 사람들의 수명이 한량이 없고, 끝이 없는 아승지겁이니, 그래서 무량한 수명의 부처님(無量壽佛), 곧 아미타 부처님이라고 이름하느니라.

사리불아, 아미타 부처님께서 성불하신 지는 이미 열 겁의 세월이 지났다.

사리불아, 저 아미타 부처님에게는 무수히 많은 성문

제자들이 있어, 모두 아라한[15]의 깨달음을 이루었는데, 그 수는 도저히 수로 세어 헤아릴 수 없느니라. 또한 여러 보살 대중도 이와 같이 많으니라. 사리불아, 극락세계는 이와 같은 공덕으로 이루어져 있느니라.

사리불아, 극락세계에 태어나는 중생들은 모두 다시는 미혹에 빠지지 않고, 보리심에서 물러섬이 없는 불퇴전의 경지에 있는 이들이다. 그들 가운데에는 다음 생에 부처가 되는 일생보처의 보살들도 한량없이 많아서 하나하나 헤아릴 수 없으니, 다만 무량무수한 아승지[16]로 비유할 뿐이다.

제3장. 염불왕생

사리불아, 극락세계의 거룩한 공덕과 장엄을 들은 중생들은 마땅히 서원을 세워, 극락세계에 태어나기를 발원해야 하느니라. 왜 그런가 하면, 그들은 극락세계에서 가장 선량하고 거룩한 이들과 한 곳에 모여 살 수 있기 때문이니라.

---

15. 아라한/ 소승의 가르침은 수행하는 56문 중 가장 윗자리. 중생의 공양을 받을 자격이 있다고 하여 응공(應供), 도적 같은 번뇌를 모두 멸했다고 하여 살적(殺賊), 다시 나쁜 세상에 태어나지 않는다고 하여 불생(不生), 마장을 모두 여의었다고 하여 이마(離魔) 등으로 번역.
16. 아승지/ 헤아릴 수 없이 많은 수.

그러나 사리불아, 적은 공덕과 하찮은 복덕의 인연으로는 저 극락세계에 왕생할 수 없느니라.

사리불아, 만약 착한 사람들이 아미타 부처님에 대한 말씀을 듣고 그 이름을 마음 깊이 새겨 하루, 이틀 혹은 사흘, 나흘, 닷새, 엿새 혹은 이레를 두고, 한결 같이 아미타 부처님의 이름을 부르거나 외우는 마음이 흐트러지지 않으면, 그 사람은 수명이 다할 때, 아미타 부처님께서 여러 성인들과 함께 그 사람 앞에 나투시느니라.

그래서 그는 끝까지 마음이 흔들리지 않고, 바로 아미타 부처님의 극락세계에 왕생하게 되느니라.

사리불아, 나는 이와 같은 더없이 이익이 되는 도리를 알고 이런 말을 하노라. 이 말을 들은 중생들은 마땅히 서원을 세워, 저 극락세계에 왕생하기를 발원해야 하느니라.

제4장. 제불의 찬탄과 권유

사리불아, 내가 이제 아미타 부처님의 불가사의한 공덕을 찬탄하는 것처럼, 동쪽 여러 세계에 계신 아촉비불·수미상불·대수미불·수미광불·묘음불을 비롯한 항하수 모래알처럼 많은 여러 부처님들께서도 또, 각기 그들이 계시는 곳에서 삼천대천세계에 두루 미치는 간절한 설법을 하셨다.

'중생들은 마땅히 믿으라. 모든 부처님께서 한결같이

찬탄하시고, 호념하시는 불가사의한 공덕이 있는 이 경을 진심으로 믿으라.'고

사리불아, 남쪽 여러 세계에 계시는 일월등불·명문광불·대염견불·수미등불·무량정진불을 비롯한 헤아릴 수 없이 많은 여러 부처님들께서도 각기 머무시는 곳에서 삼천대천세계에 두루 미치는 간절한 설법을 하셨다.

'너희 중생들은 마땅히 믿으라. 모든 부처님께서 한결같이 찬탄하시고 호념하시는 불가사의한 공덕이 있는 이 경을 진심으로 믿으라.'고.

사리불아, 서쪽 여러 세계에 계시는 무량수불·무량상불·무량당불·대광불·대명불·보상불·정광불을 비롯한 헤아릴 수 없는 여러 부처님들께서도 각기 그 계시는 곳에서 삼천대천세계에 두루 미치는 간절한 설법을 하셨다.

'중생들은 마땅히 믿으라. 모든 부처님께서 찬탄하시고 호념하시는 부사의한 공덕이 있는 이 경을 진심으로 믿으라.'고.

사리불아, 북쪽 여러 세계에 계시는 염견불·최승음불·난저불·일생불·망명불을 비롯한 여러 부처님들께서도 각기 그 계시는 곳에서, 삼천대천세계에 두루 미치는 간절한 설법을 하셨다.

'중생들은 마땅히 믿으라. 모든 부처님들께서 한결같이 찬탄하시고 호념하시는 부사의한 공덕이 있는 이 경을

진심으로 믿으라.' 고.

사리불아, 저 아래쪽에 계시는 사자불·명문불·명광불·
달마불·법당불·지법불을 비롯한 헤아릴 수 없이 많은 여
러 부처님들께서도, 각기 그 계시는 곳에서 삼천대천세계
에 두루 미치는 간절한 설법을 하셨다.

'중생들은 마땅히 믿으라. 모든 부처님께서 한결같이
찬탄하시고 호념하시는 부사의한 공덕이 있는 이 경을 진
심으로 믿으라.' 고.

사리불아, 저 위쪽 여러 세계에 계시는 범음불·숙왕불·
향상불·향광불·대염견불·잡색보화엄신불·사라수왕불·
보화덕불·견일체의불·여수미산불 등을 비롯한 헤아릴 수
없이 많은 여러 부처님들께서도 각기 그 계시는 곳에서 삼
천대천세계에 두루 미치는 간절한 설법을 하셨다.

'중생들은 마땅히 믿으라. 모든 부처님들께서 한결같
이 찬탄하고 호념하시는 부사의한 공덕이 있는 이 경을
진심으로 믿으라.' 고.

사리불아, 그대는 어찌 생각하느냐? 이 경의 이름을 왜
'모든 부처님께서 호념하시는 경' 이라 하는지 아느냐?

그 까닭은 착한 모든 사람들이 여러 부처님께서 한결
같이 말씀하신 것처럼, '아미타 부처님의 이름과 이 경의
이름' 을 듣고 잊지 않으면, 그들은 모든 부처님께서 함께
기억하여 보호하시게 되고, 위없는 바른 깨달음에서 물러

나지 않기 때문이니라. 그러므로 사리불아, 그대들은 마땅히 내 말과 여러 부처님들께서 말씀하신 가르침을 잘 믿어야 하느니라.

사리불아, 어느 누구든 아미타 부처님의 극락세계에 왕생하기를 이미 발원하였거나, 이제 발원하거나, 또 장차 발원한다면 그들은 모두 위없는 깨달음에서 물러나지 않을 것이다. 그래서 극락세계에 벌써 왕생하였거나, 이제 왕생하거나, 또 장차 왕생할 것이니라. 그러므로 사리불아, 내 가르침을 믿는 착한 이들은 마땅히 저 극락세계에 왕생하기를 발원해야 하느니라.

사리불아, 내가 이제 모든 부처님들의 불가사의한 공덕을 찬탄함과 같이, 저 모든 부처님들도 역시 나의 불가사의한 공덕을 이렇게 찬탄하셨다.

'석가모니 부처님께서 참으로 어렵고 희유한 일을 능히 하셨도다. 시대가 흐리고, 견해가 흐리고, 번뇌가 흐리고, 중생이 흐리고, 수명이 흐린 이 사바세계의 오탁악세에서 능히 위 없는 바른 깨달음을 얻으셨도다. 그리고 중생들을 위하사, 세상 사람들이 믿기 어려운 미묘한 법을 말씀하셨도다.'

사리불아, 마땅히 알지니라. 나는 오탁악세의 이 사바에서 갖은 어려움을 능히 이기고 위 없는 깨달음을 이루었다. 그리고 모든 세상 사람들을 위하여, 이처럼 믿기 어려운 법을 설하였다. 이는 참으로 어려운 일이 아닐 수 없느니라."

제5장. 부처님의 당부

부처님께서 이처럼 《아미타경》을 설법하여 마치시니, 사리불을 비롯한 모든 비구들과 모든 세간의 천인, 아수라들이 부처님의 법문을 듣고 마음에 새기고 기쁜 마음으로 부처님께 예배하고 물러갔다.

무량수경

제1장. 이 경문의 증명

이와 같이 나는 들었다.

부처님께서 왕사성 기사굴산에서 덕이 높은 비구 1만 2천 명과 함께 계실 때였다. 그 비구들은 모두 다 신통과 법력을 갖춘 아라한 성자들로서 그 이름은 요본제존자·정원존자·정어존자·대호존자·인현존자·이구존자·명문존자·선실존자·구족존자·우왕존자·우루빈라가섭존자·가야가섭존자·나제가섭존자·마하가섭존자·사리불존자·대목건련존자·겁빈나존자·대주존자·대정지존자·마하주나존자·만원자존자·이장존자·유관존자·견복존자·면왕존자·이승존자·인성존자·가락존자·선래존자·라운존자·아난존자 등과 같은 훌륭한 제자들이었다.

또 대승의 가르침을 따르는 여러 보살 대중들도 함께 있었는데, 보현보살·묘덕보살·자씨보살 등을 비롯한 현겁 중 모든 보살들이었다. 또 16보살인 현호보살·선사의보살·신혜보살·공무보살·신통화보살·광영보살·혜상보살·지당보살·적근보살·원혜보살·향상보살·보영보살·중주보살·제행보살·해탈보살 등도 한 자리에 있었다. 이 보살들은 한결같이 거룩한 보현보살의 공덕을 본받아 보살로서 닦고 쌓아야할 모든 서원과 행을 갖추었다. 그런 공덕으로 몸과 마음을 원만하게 하여 시방세계의 중생들을 위해 교화하고 제도하셨다. 나아가서는 부처님의 참된 깨달음의 경지, 무량한 법장에 이르러 깨달음을 얻어 저 열반의 언덕에 다다르신다. 이에 이르러 거룩한 모습을 세상에 나투시고 등각[17]의 깨달음을 펼치시느니라. 부처님께서는 먼저 도솔천에서 전생에 쌓은 공덕으로 정법을 널리 펴신 후, 천궁에서 내려와 어머니의 태중에 드셨다. 이윽고 달이 차서 어머니의 옆구리에서 태어나 사방으로 일곱 발자국을 옮기셨을 때, 눈부신 광명이 시방세계의 온 땅을 두루 비치었고 천지는 여섯 갈래로 울리었다.

그 때 부처님은 이렇게 말씀하셨다.

"나는 이제 마땅히 이 세상에서 위없는 거룩한 스승이 되리라."

이 말씀을 들은 제석천[18]과 범천[19]이 부처님을 받들고, 모든 천인들도 부처님께 귀의하고 우러렀다.

---

17. 등각(等覺): ①부처님의 깨달음인 정각(正覺)과 같다는 뜻. ②또는 부처님의 깨달음인 정각 다음 가는 깨달음이라는 뜻.
18. 제석천/ 불법의 수호신. 도리천의 왕
19. 범천/ 색계의 초선천과 그 곳의 왕을 두루 통칭.

세월이 흘러 부처님이 성장함에 따라 수리와 문학, 활쏘기와 말타기, 이 모든 세간의 학문을 닦으시고 익히시매, 모든 학문에 두루 통달하셨다.

부처님께서는 뒷동산에 나가 무예를 닦기도 하고, 궁중에서는 세속의 온갖 즐거움을 누리기도 하셨다.

그러나 부처님은 사람은 누구나 늙고 병들어 죽는다는 사실을 보시자, 세상살이의 덧없음을 깨달으셨다. 그래서 높은 왕좌와 사랑하는 처자도 마다하고 입산하여 수도할 것을 결심하셨다. 마침내 부처님께서는 백마를 타고 왕궁을 빠져나와 그 말에다 빛나는 왕관과 보배구슬을 실어 돌려보냈다. 그러고는 호화로운 옷을 벗고 가사와 장삼으로 갈아입었다. 머리와 수염을 깎고 보리수 아래 단정히 앉아 6년에 걸친 고행으로 법다이 수행하셨다.

부처님은 오탁악세[20]라 일컫는 사바세계에 오셨으므로, 중생들처럼 때와 먼지에 몸과 마음이 더러워진 양, 맑은 물로 깨끗하게 목욕하시니 천신들이 나뭇가지를 드리워 강에서 나오시게 하였다.

이 때 하늘에서 상서로운 새들이 날아와 부처님을 맞이하고, 깨달음의 보리수 도량으로 나아가니, 길상동자[21]는

---

20. 오탁악세(五濁惡世)/ 다섯 가지 더러움이 가득한 악한 세상. 오탁말세라고도 함.
21. 길상동자/ 부처님이 성도할 때, 길상초를 공양한 동자.

그 상서로움을 기려 길상초[22]로 부처님께 공양하였다.

부처님께서는 이를 어여삐 거두시어, 보리수 아래 깔고 가부좌[23]의 자세로 앉아 깊은 삼매에 드셨다.

보리수 아래 앉으신 부처님은 찬란한 광명으로 악마들에게 깨달음의 소식을 보여 주시니, 그들은 놀라 권속을 거느리고 몰려왔다. 그리하여 부처님을 시험하기도 하고, 핍박도 하며, 혹은 애원도 하고 온갖 방해를 하였으나 지혜의 힘으로 그들을 다스려 항복받으셨다. 그리고는 마침내 깊고도 미묘한 법으로 위없는 바른 깨달음을 이루신 후 부처님이 되셨다.

그 때 제석천과 범천은 부처님께 귀의하여 불쌍한 중생들을 위해 거룩한 가르침을 베풀어 주십사 간청하였다. 이에 부처님께서는 세상에 두루 자재하게 나투시며 사자후의 설법을 하셨다.

진리의 북이 울리고, 법의 나팔소리 드높고, 진리의 칼날이 푸르고, 진리의 깃발이 휘날리며, 천둥처럼 울리고, 번개처럼 번쩍였을 뿐만 아니라, 감로의 단비처럼 부처님의 가르침은 자비로운 음성으로 세상에 울렸다.

그 찬란한 빛은 가없는 불국토를 두루 비추니, 천지는

---

22. 길상초/ 습기진 땅이나 논에서 자라는 띠는 박하와 비슷한 풀. 길상초란 이름은 석가모니 부처님이 이 풀을 깔고 보리수 아래 깨달음을 얻으신 데서 비롯되었음.
23. 가부좌/ 양발을 무릎위에 얹고 앉는 자세. 수행하는 이들이 좌선할 때 앉는 방법.

다 울리고, 모든 악마의 세상은 흔들려 그들은 무서워 떨며 부처님께 귀의하였다. 부처님께선 삿된 법을 물리치고, 올바르지 않은 소견을 없애 번뇌의 티끌을 흔적조차 없게 하셨다. 탐욕의 구렁을 허물어 올바른 가르침을 지키게 하시고, 불법을 빛내며, 더러움을 씻어 맑고 깨끗한 부처님의 가르침으로 교화하셨다.

그래서 여러 나라를 다니시며 걸식하실 때, 갖가지 풍요한 공양을 받으심으로 중생들이 공덕을 짓고 복을 받도록 하셨다. 가르침을 베풀고자 하실 때에는 인자한 웃음과 베푸실 수 있는 온갖 진리의 약으로, 중생들이 겪는 삼고[24]를 구제하고, 무량공덕의 거룩한 마음을 보이셨다. 또 중생들에게 장차 깨달음을 얻어 성불하리라는 대승의 수기를 약속하셔서 위없이 바른 깨달음을 이루게 하셨다.

부처님께서 멸도[25]에 이르는 육신의 죽음을 몸소 보이셨으나, 부처님의 실상인 법신[26]은 다함이 없어 언제나 중생들을 제도하시기에 한결 같고, 또 중생들선근을 심어 이루 헤아릴 수 없이 미묘한 공덕을 갖추게 하심에 모자람이 없다.

---

24. 삼고(三苦)/ ①고고(苦苦): 탐탁하지 않은 대상에게 받는 고. ②괴고(壞苦): 좋아하는 대상이 변멸하여 없어짐으로 받는 고. ③행고(行苦): 세상의 일이 바뀌는 것을 보고 느끼는 고.
25. 멸도(滅度)/ 열반의 다른 말. 생사의 큰 환난을 없애 번뇌의 바다를 건넜다는 뜻.
26. 법신(法身)/ 진리 그 자체.

이와같이 나라 곳곳을 두루 다니시며 부처님의 가르침을 베푸시니, 그 수행공덕이 청정하여 어디에도 걸림이 없었다. 마치 마술에 능한 이가 갖가지 형상을 만들어 내고, 남자나 여자의 모습, 그 어느 것으로도 자재로이 변할 수 있는 것과 같았다.

그런데 이 자리에 모인 열 보살들의 공덕 또한 위에서 말한 보현보살의 거룩한 공덕과 같았다. 모든 법을 두루 다 배우고, 마음은 항상 평안하고 몸은 중생이 있는 부처님의 땅, 그 어디에도 나투어 그들을 교화하되, 교만하거나 방자하지 않고, 언제나 중생들을 가엾고 불쌍하게 생각하는 마음이 그치지 않았다.

이처럼 보살들은 온갖 공덕을 다 갖추었으며, 대승경전의 오묘한 법을 밝히시고, 그 거룩한 이름은 시방세계에 널리 떨쳐 모든 중생들을 제도하시니 모든 부처님들이 그들을 기억하고 보호하셨다.

또한 이 보살들은 부처님의 공덕을 이미 갖추었으며, 대성인들이 행한 바를 모두 실행하고, 부처님의 가르침을 널리 떨쳐 다른 보살들을 위한 스승이 되었다.

또 깊은 선정과 지혜로써 중생들을 교화하고 인도하시며, 진리의 본성에 통달하여 모든 중생과 온갖 만물의 괴로움을 능히 아셨다. 그리고 모든 부처님을 공양할 때, 그 몸 나투기를 번개와도 같이 하고, 능히 두려움 없는 모든 지혜를 배워 인연의 법을 깨달아 집착하지 않으며, 사마외도[27]의 그릇된 소견과 모든 번뇌를 깨뜨리고, 성문[28]이나 연각[29] 등의 경계를 뛰어넘어 공[30], 무상[31], 무원[32]의 세 가지 삼매를 이루셨다.

그래서 능히 방편을 세워 중생의 근기에 따라 성문·연각·보살의 삼승법[33]을 구별하여 밝히고, 성문·연각, 이 두 가지 낮은 경계에 이르러 멸도의 실상인 죽음을 보이신다. 그러나 본래 지은 바도 없고 얻은 바도 없으며, 일어나지도 않고 멸하지도 않는 평등의 진리를 얻으셨으니, 이루 헤아릴 수 없는 신통지혜와 하나하나 다 헤아릴 수 없는 삼매와 중생의 근기를 살피는 지혜를 다 갖추어 이루셨다.

그리고 법계를 두루 살피시는 깊은 선정으로 보살의 대승법문을 통달하여 부처님의 화엄삼매를 얻고, 능히 모든 경전을 설하시고 널리 펴셨다.

---

27. 사마외도(邪魔外道)/ 사악한 마귀와 불법 밖의 수행자를 말함.
28. 성문(聲聞)/ 부처님의 말씀을 듣고 깨닫는 이, 불제자를 뜻하기도 함.
29. 연각(緣覺)/ 독각(獨覺)이라고도 함. 부처님의 가르침에 의지하지 않고, 스스로 도를 깨달은 이. 조용한 정적을 좋아할 뿐 설법, 교화하지 않는 일종의 성자.
30. 공(空)/ 모든 법이 인연 따라 생겨난 것이므로, 거기에 아체(我體), 본체(本體), 실체(實體)라 할 만한 것이 없음.
31. 무상(無常)/ 모든 현상은 한 순간에도 생멸변화하여 상주하는 모양이 없는 것을 뜻함.
32. 무원(無願)/ 모든 법을 관하고서, 더 이상 바랄 것 없는 경지.
33. 삼승법(三乘法)/ 성문, 연각, 보살에 대한 세 가지 교법. 승은 짐을 실어나르는 수레를 뜻함.

또한 매양 깊은 선정에 드시어, 모든 무량한 부처님을 보심이 한 생각 동안에 빠짐없이 마치셨다.

그리고 지옥·아귀·축생의 삼악도에서 고통을 겪는 중생이나, 수행할 틈이 있는 이나 없는 이를 막론하고, 그 근기에 따라 진실한 도리를 분별하여 가르치며, 모든 부처님의 말씀과 지혜로 일체의 언어에 통달하여 모든 중생을 교화하셨다.

또한 세상의 모든 번뇌를 초월하고 항상 해탈의 도리에 머무르며, 모든 일에 걸림이 없어, 중생들을 위하여 불청우[34]가 되어 중생제도를 스스로 책임지는 무거운 의무를 느꼈다.

그리고 어느 중생이라도 자신의 몸처럼 여기고, 모든 선근을 심게 하여 다 저 열반[35]의 언덕에 이르게 한다. 이렇듯 모든 부처님의 무량공덕을 갖추고 지혜 또한 거룩하고 밝아서 그 불가사의한 위덕은 가히 헤아릴 수 없다.

이와같이 지혜와 복덕이 원만한 보살들이 한 자리에 와서 모이게 되었다.

---

34. 불청우(佛請友)/ 보살은 중생에게 이익을 주기 위해 청하지 않더라도 자진해서 중생의 벗이 되는 것을 말함.

35. 열반(涅槃)/ 범어 nirvāṇa. 불교의 최고 이상으로서 멸(滅)·적멸(寂滅)·원적(圓寂). 등으로 번역. 모든 번뇌를 소멸하고, 불생불멸의 진리를 깨달은 경지 또는 무생(無生), 영생(永生), 실상(實相), 진여(眞如), 본체(本體). 등의 의미로도 쓰임.

제2장. 이 경을 설하는 인연

이 때 부처님의 온 몸에는 기쁨이 환하게 넘치고, 기색이 청정하여 얼굴 또한 빛나고 거룩하신지라 그 모습이 엄숙하셨다.

아난은 부처님의 거룩하고 깊은 뜻을 짐작하고 바로 자리에서 일어나 오른쪽 어깨를 벗어 무릎 꿇고 합장 공경하여 부처님께 아뢰었다.

"부처님, 오늘 부처님의 몸에는 기쁨이 넘치시며, 기색이 청정하시고 얼굴 또한 거룩하게 빛나시나니, 마치 맑은 수정의 구슬처럼 투명하셔서 더없는 위엄으로 빛나십니다. 저는 부처님께서 지금처럼 거룩하신 모습을 일찍이 뵈온 적이 없습니다. 제가 생각하옵건대, 부처님은 온 세상의 어른이시고, 불세출의 영웅이시며, 이 세상의 눈이시고, 우주의 지혜이십니다. 부처님께서는 오늘 위없는 지혜에 머무르시고, 모든 부처님의 경계에 머무르시며, 또한 대도사의 거룩한 행을 몸소 행하시고, 가장 뛰어난 도를 펼치시며, 모든 여래의 덕을 행하시는 것을 알 수 있습니다.

과거와 현재, 미래의 모든 부처님은 서로 상통한다 하시는데, 오늘 이 자리에서 부처님께서도 다른 모든 부처님들을 생각하고 계시지 않습니까? 이렇게 묻는 까닭은 부처님의 모습에 보기 드문 위엄이 넘치고, 신비한 광명의 찬란한 모습이 하도 거룩하시기 때문입니다."

이 말에 부처님은 아난에게 말씀하셨다.

"어찌된 일이냐, 아난이여. 모든 천신들이 너를 가르쳐서 네가 묻는 것이냐? 아니면 네 스스로의 지혜로 묻는 것이냐?"

아난이 부처님께 아뢰었다.

"천신들의 말에 따른 것이 아니옵고, 제가 스스로 여쭈는 것입니다."

"참으로 착하다. 아난이여! 거룩한 질문을 하였구나. 너의 깊은 지혜와 묘한 변재로써 중생을 불쌍히 여겨 이렇게 지혜로운 질문을 하는구나.

여래는 언제나 가장 최선의 대자대비로써 욕계[36]와 색계[37], 무색계[38]의 삼계[39] 중생들을 가엾게 여기는 것이니, 여래가 이 세상에 나타나는 뜻은 진정한 가르침을 널리 펼쳐, 중생들을 고통에서 건지고 참으로 이롭게 하고자 함이다.

무량 억 겁의 기나긴 세월을 두고 여래를 만나 보기 어려움은 마치 우담바라꽃[40]이 3천 년 만에 한번 피는 것과

---

36. 욕계(欲界)/ 지옥·아귀·축생·아수라·인간·육욕천이 사는 곳. 이 세계에 사는 유정(有情)은 식욕과 음욕, 수면욕이 있기 때문에 욕계라고 함.
37. 색계(色界)/ 깨끗하고 아름다운 물질로 이루어진 세계. 사선(四禪)을 닦은 사람이 죽은 뒤에 태어나는 천계.
38. 무색계(無色界)/ 물질을 초월한 세계.
39. 삼계(三界)/ 욕계와 색계, 무색계를 말함.

도 같으니라. 이제 그대가 하는 질문은 천상과 세간의 모든 중생들을 이롭게 하리라.

아난이여, 분명히 알라. 여래의 바른 깨달음은 그 지혜가 헤아릴 수도 없고, 중생을 제도함에 있어서도 한이 없으며, 걸림없는 신통과 지혜는 한 끼의 밥으로도 능히 억천만 겁의 기나긴 수명을 연장하느니라.

그리고 온 몸이 항상 기쁨에 넘쳐 흐려지는 법이 없고, 그 거룩한 모습과 빛나는 얼굴은 변함이 없으니, 그 까닭은 여래가 언제나 깊은 선정과 지혜에 머물러 모든 깨달음을 얻어 그 무엇에도 걸림이 없기 때문이니라.

아난이여, 명심하여 들으라. 이제 그대를 위하여 참으로 귀중한 가르침을 설하리로다."

아난이 여쭈었다.

"부처님이시여! 말씀하십시오. 기꺼이 그 가르침을 받들겠나이다."

---

40. 우담바라꽃/ 인도에서 전륜성왕이 나타날 때 핀다는 상상의 꽃. 3천 년에 한 번 핀다는 꽃으로 매우 드물다는 비유로 쓰이기도 함. 인도에서는 보리수와 더불어 종교상 신성한 식물.

제3장. 극락정토를 세운 원인

부처님께서 아난존자에게 말씀하셨다.

"일찍이 헤아릴 수 없는 먼 옛날에 정광여래 부처님[41]께서 세상에 나타나셨다. 많은 중생들을 제도하시고 그들을 모두 올바른 길에 들게 하시고 열반에 드셨느니라. 그리고 그 다음을 이어서 여러 부처님들이 나타나셨는데, 그 이름은 광원불·월광불·전단향불·선산왕불·수미천관불·수미등요불·월색불·정념불·이구불·무착불·용천불·야광불·안명정불·부동지불·유리묘화불·유리금색불·금장불·염광불·염근불·지동불·월상불·일음불·해탈화불·장엄광명불·해각신통불·수광불·대향불·이진구불·사염의불·보염불·묘정불·용립불·공덕지혜불·폐일월광불·일월유리광불·무상유리광불·최상수불·보리화물·월명불·일광불·회색왕불·수월광불·제치명불·도개행불·정신불·선숙불·위신불·법혜불·난음불·사자음불·용음불·처세불 등 여러 부처님들이셨다.

그리고 그 다음에 세자재왕불[42]이란 부처님이 계셨는

---

41. 정광여래부처님/ 연등불이라고도 함. 과거 오랜 옛적에 출현하여 부처님에게 미래에 반드시 성불하여 중생을 제도하라는 수기를 주신 부처님.
42. 세자재왕불(世自在王佛)/ 아미타 부처님이 법장비구이던 시설 스승이던 부처님.

데, 다른 이름을 여래·응공·등정각·명행족·선서·세간해·무상사·조어장부·천인사·불·세존이라고 하였다. 이 무렵 국왕이 한 사람 있었는데, 부처님의 가르침을 듣고는 깊은 환희심을 일으켜, 곧 위없는 바른 길을 구하려고 마음먹었다.

그는 나라와 왕위를 버리고 출가하여, 그 이름을 법장이라고 하였는데, 재주가 뛰어나고 용맹스러워 세상에서 비길 자가 없었다.

그는 세자재왕 부처님께로 나아가 부처님의 발에 머리를 조아리고, 부처님의 오른쪽으로 세 번 돈 후, 무릎을 꿇고 합장하여 노래를 불러 부처님의 거룩하심을 찬양하였다.

빛나는 부처님의 얼굴은 우뚝하시고
위엄과 신통은 그지없으니
이처럼 찬란하고 밝은 광명을
뉘라서 감히 비기리이까.

저 하늘의 해와 달, 마니구슬의
그 빛이 제아무리 빛나고 찬란하여도
부처님의 광채 앞엔 모두 가리워져 숨어 버리고
캄캄한 칠흑처럼 변하고 말아라.

부처님의 얼굴 거룩하시어
이 세상의 그 누구도 감히 견줄 이 없고
깨달음을 이루신 그 음성은
시방세계 온 땅에 널리 울리네.

청정한 계율과 지식과 정진
깊은 삼매와 밝은 지혜
거룩한 위덕은 짝할 이 없어
한없이 뛰어나고 드문 덕이라.
모든 부처님의 광대한 가르침을
자세히 생각하고 깊이 살피어
끝까지 밝히고 마음에 지녀
이 세상 곳곳에 두루 미치네.

어두운 무명과 탐욕과 성냄
부처님은 영원히 여의시나니
사자처럼 위대한 부처님의
신묘한 공덕은 헤아릴 수 없어라.

위없는 공덕과 드넓은 도덕
밝으신 지혜는 밝고 묘하여
광명으로 빛나는 그 모습은

대천세계 온 땅에 환히 비치네.

바라옵건대 나도 부처님 되어
거룩한 공덕 저 법왕처럼
나고 죽는 중생을 모두 건지고
빠짐없이 고해에서 건지오리다.

보시를 베풀어 뜻을 고르고
계율을 지키어 분함을 이기고
끊임없는 정진을 거듭하면서
삼매와 지혜로 으뜸을 삼으리라.

나도 맹세코 부처님되어
이러한 서원을 모두 행하고
두려워서 시달리는 중생 위하여
편안한 의지가 되어 보리라.

설령 제아무리 많은 부처님이 계시어
백천만 억을 훨씬 넘는다 해도,
또 헤아릴 수 없는 거룩한 성인들이
항하의 모래알보다 더 많을지라도,

이처럼 수많은 부처님들을
공경하고 받들어 항상 공양하더라도,
차라리 올바른 진리를 한껏 구하여
물러나지 않는 이만 못하느니라.

수많은 항하의 모래알처럼
이루 헤아릴 수 없는 모든 부처님들의 세계
도저히 헤아릴 수 없는
그처럼 많은 땅에
부처님의 광명이 널리 비치어
모든 땅에 밝혀지거늘
이러한 정진과 위신력을
무슨 재주로 헤아려 보리오.

만약에 내가 깨달음을 얻어 부처님이 되면
국토의 장엄은 으뜸이 되고
중생들은 한결같이 훌륭히 되며
도량은 비길 데 없이 청정한 곳이 되리라.

그 나라는 영원히 행복하여서
세상에서 견줄 만한 짝이 없거늘
온갖 중생을 불쌍히 여겨

내 마땅히 제도하리로다.

시방세계에서 오는 중생들
마음이 즐겁고 청정하리니
그 나라에 와서 살게 되면
상쾌하고 즐거워 안온하리라.

바라옵건대 부처님이시여,
굽어 살피사
저의 참뜻을 증명하소서.
저 국토에서 원력을 세워
하려고 뜻한 일들 기필코 이루리라.

시방세계 밝히시는 모든 부처님
밝으신 지혜는 걸림 없으니
제 마음과 제 수행
부처님들께서 굽어 살펴주소서.

만일 이 몸이 어찌하다가
어떤 고난에 빠진다 한들
제가 수행하는 바른 정진을
참아내지 못하고 후회하리까.

부처님께서 아난에게 말씀하셨다.

"아난이여, 법장비구는 저 세자재왕 부처님 앞에서 이렇게 게송을 지어 노래 부르며 부처님을 찬탄한 후, 이렇게 여쭈었다.

'부처님이시여, 저는 위없이 바른 진리를 구하고자 결심하였습니다. 원하옵건대 부처님께서는 제게 거룩하신 가르침을 자세히 말씀하여 주십시오. 저는 마땅히 부처님의 가르침대로 수행하여 불국토를 이루고 청정하고 미묘한 국토로 장엄하겠나이다. 저로 하여금 이생에 빨리 바른 깨달음을 이루어 모든 생사의 괴로움을 겪지 않게 하여 주십시오.'

세자재 부처님이 법장비구에게 말씀하셨다.

'그대가 수행하고자 하는 바와 훌륭한 불국토를 장엄하는 일은 그대 스스로도 잘 알고 있지 않은가?'

법장비구는 다음과 같이 아뢰었다.

'부처님이시여! 그 뜻은 너무나 넓고 깊어서 제가 쉽게 알 수 있는 경지가 아니옵니다. 원하옵건대 모든 부처님들께서 불국토를 이룩하신 수행법을 자세히 알려 주십시오. 저는 부처님의 가르침을 따라 수행하고, 소원을 원만히 성취하겠나이다."

그래서 세자재왕 부처님은 법장비구의 그 뜻과 소원이 고결하며 넓고 깊음을 살피시고, 다음과 같이 말씀하셨다.

"비유하건대 비록 큰 바닷물일지라도 억 겁의 오랜 세월을 두고 퍼내노라면, 마침내 그 바닥은 드러나 그 안에 있는 진기한 보배를 얻을 수 있듯, 만약 사람이 지성으로 정진하여 도를 구하면 마땅히 원하는 바를 이루게 되는 법이니, 어떠한 소원도 이루지 못할 리 없느니라."

그리고는 세자재 부처님께서 법장비구를 위하여 210억의 여러 불국토와 그 천상에 있는 사람들의 선악과 국토의 거칠고 묘함을 널리 말씀하시고, 법장비구의 소원대로 이를 낱낱이 눈 앞에 드러내 보여 주셨다.

이에 법장비구는 부처님이 말씀하신 장엄하고 청정한 나라들을 모조리 본 후, 더없이 갸륵하고 간절한 서원을 세웠다. 그 때 그의 마음은 맑고 고요하기 그지없어 조금의 집착도 없었다. 또 그런 만큼 일체세간의 그 누구도 그의 청정한 마음을 따르지 못하였다.

그리하여, 5겁의 오랜 세월을 두고 깊은 선정에 들어, 불국토를 이루고 장엄하기 위한 청정한 수행에 법장 비구는 온 정성을 다 기울였느니라."

아난이 부처님께 여쭈었다.

"세자재왕 부처님의 수명은 얼마나 됩니까?"

부처님은 말씀하셨다.

"그 부처님의 수명은 42겁이니라."

그 때 법장비구는 210억 불국토의 청정한 수행법을 선택하여 열심히 수행하고 난 후, 다시 세자재 부처님께 나아가 예배하고 합장하여 아뢰었느니라.

'부처님이시여! 저는 이미 불국토를 장엄할 청정한 수행을 닦고 행하였습니다.'

세자재 부처님이 법장비구에게 말씀하셨다.

'법장비구여! 이제 그대가 다른 모든 대중들에게 그대의 서원과 수행을 널리 알려서 그들로 하여금 보리심을 일으키게 하고, 그들의 마음을 기쁘게 할 좋은 기회로 삼아라. 그래서 보살들은 이를 듣고 불국토를 이룩할 더없이 큰 서원과 행을 닦아 성취하게 될 것이니라.'

법장비구는 다시 세자재 부처님께 여쭈었다.

'부처님이시여! 들어 주십시오. 제가 세운 48대 원을 자세히 아뢰어 말씀 드리겠습니다.

1. 제가 깨달음을 얻어 성불할 적에, 그 나라에 지옥과 아귀와 축생의 삼악도가 그대로 남아 있다면, 저는 차라리 깨달음을 다 이루지 않고 부처가 되지 않겠습니다.

2. 제가 깨달음을 얻어 성불할 적에, 그 나라의 중생들이 수명이 다한 뒤에 다시금 삼악도에 떨어지는 일이 있다면, 저는 차라리 깨달음을 다 이루지 않고 부처가 되지 않겠습니다.

3. 제가 깨달음을 얻어 성불할 적에, 그 나라 중생의 몸에서 금빛의 찬란한 광명이 나지 않는다면, 저는 차라리

깨달음을 다 이루지 않고 부처가 되지 않겠습니다.

4. 제가 깨달음을 얻어 성불할 적에, 그 나라 중생들의 모습이 한결같이 훌륭하지 않고 잘나고 못난 이가 따로이 있다면, 저는 차라리 깨달음을 다 이루지 않고 부처가 되지 않겠습니다.

5. 제가 깨달음을 얻어 성불할 적에, 그 나라 중생들이 숙명통[43]을 얻어 백천억 나유타[44] 겁 전의 옛 일들을 알지 못한다면, 저는 차라리 깨달음을 다 이루지 않고 부처가 되지 않겠습니다.

6. 제가 깨달음을 얻어 성불할 적에, 그 나라 중생들의 천안통[45]을 얻어 백천억 나유타의 모든 세계를 볼 수 없다면, 저는 차라리 깨달음을 이루지 않고 부처가 되지 않겠습니다.

7. 제가 깨달음을 얻어 성불할 적에, 그 나라 중생들이 천이통[46]을 얻어, 백천억 나유타의 많은 부처님들의 설법을 듣고, 그 모두를 간직할 수 없다면, 저는 차라리 깨달음을 다 이루지 않고 부처가 되지 않겠습니다.

---

43. 숙명통(宿命通)/ 전생의 일을 잘 아는 신통력.
44. 나유타/ 인도 수량의 단위. 천만이라고도 하고, 천억이라고도 함.
45. 천안통(天眼通)/ 깊은 선정을 얻도록 수행하여 이 생과 저 생의 일을 자유자재하게 아는 힘.
46. 천이통(天耳通)/ 멀고 가까운 말, 각 지역의 말, 짐승과 귀신의 말에 이르기까지 듣지 못함이 없는 자재한 신력(神力).

8. 제가 깨달음을 얻어 성불할 적에, 그 나라의 모든 중생들이 타심통[47]을 얻어 백천억 나유타의 모든 국토에 있는 다른 모든 중생들의 마음을 알지 못한다면, 저는 차라리 깨달음을 다 이루지 않고 부처가 되지 않겠습니다.

9. 제가 깨달음을 얻어 성불할 적에, 그 나라의 중생들이 신족통을 얻어 순식간에 백천억 나유타의 모든 국토에 있는 나라들을 지나가지 못한다면, 저는 차라리 깨달음을 다 이루지 않고 부처가 되지 않겠습니다.

10. 제가 깨달음을 얻어 성불할 적에, 그 나라의 모든 중생들이 번뇌를 여의는 누진통[48]을 얻지 못하고 망상을 일으켜 자신에 집착하는 분별이 있다면, 저는 차라리 깨달음을 다 이루지 않고 부처가 되지 않겠습니다.

11. 제가 깨달음을 얻어 성불할 적에, 그 나라의 중생들이 만약 성불하는 정정취[49]에 머물지 못하고 필경에 열반을 얻지 못한다면, 저는 차라리 깨달음을 다 이루지 않고 부처가 되지 않겠습니다.

12. 제가 깨달음을 얻어 성불할 적에, 저의 광명이 널리 비추이지 못해 백천억 나유타의 모든 불국토를 밝힐 수

---

47. 타심통(他心通)/ 타인의 마음 속에서 생각하고 있는 선·악을 모두 알아내는 작용.
48. 누진통/ 무명번뇌를 끊음이 자유자재하며, 여실하게 고·집·멸·도의 이치를 깨달아 다시는 삼계를 헤매지 않는 불가사의한 신통력.
49. 정정취(正定聚)/ 바로 부처가 되기로 정해진 사람들.

가 없다면, 저는 차라리 깨달음을 다 이루지 않고 부처가 되지 않겠습니다.

13. 제가 깨달음을 얻어 성불할 적에, 저의 수명이 짧아 단지 백천억 나유타 동안 밖에 살 수 없다면, 저는 차라리 깨달음을 다 이루지 않고 부처가 되지 않겠습니다.

14. 제가 깨달음을 얻어 성불할 적에, 그 나라 성문들의 수효가 한량이 있어서 삼천대천세계의 성문과 연각들이 백천 겁 동안 세어서 그 수를 알 수 있는 정도라면, 저는 차라리 깨달음을 다 이루지 않고 부처가 되지 않겠습니다.

15. 제가 깨달음을 얻어 성불할 적에, 그 나라 중생들의 수명은 한량이 없으오리니, 다만 그들이 중생제도의 서원에 따라 수명의 길고 짧음을 자재로이 할 수는 있을지언정, 만약 그 수명에 한정이 있다면, 저는 차라리 깨달음을 다 이루지 않고 부처가 되지 않겠습니다.

16. 제가 깨달음을 얻어 성불할 적에, 그 나라 중생들에게 좋지 않은 일은 물론이요, 어떤 나쁜 일이 있다면, 저는 차라리 깨달음을 다 이루지 않고 부처가 되지 않겠습니다.

17. 제가 깨달음을 얻어 성불할 적에, 시방세계의 헤아릴 수 없는 모든 부처님들이 저의 이름(아미타불)을 찬양하지 않는다면, 저는 차라리 깨달음을 다 이루지 않고 부처가 되지 않겠습니다.

18. 제가 깨달음을 얻어 성불할 적에, 시방세계의 모든

중생들이 다 저의 나라에 태어나고자 신심과 환희심을 내어 제 이름을 다만 열 번만 불러도 제 나라에 태어날 수 없다면, 저는 차라리 깨달음을 다 이루지 않고 부처가 되지 않겠습니다.

19. 제가 깨달음을 얻어 성불할 적에, 시방세계의 중생들이 보리심을 일으켜 모든 공덕을 쌓고, 지성으로 저의 국토에 태어나고자 원을 세울 때, 그들의 임종시에 제가 대중들과 함께 가서 그들을 맞이할 수 없다면, 저는 차라리 깨달음을 다 이루지 않고 부처가 되지 않겠습니다.

20. 제가 깨달음을 얻어 성불할 적에, 시방세계의 중생들이 제 이름을 듣고, 저의 불국토(극락세계)를 흠모하여 많은 선근공덕을 쌓고, 지성으로 제 나라에 태어나고자 마음을 회향할 때, 그 목적을 이루지 못한다면, 저는 차라리 깨달음을 다 이루지 않고 부처가 되지 않겠습니다.

21. 제가 깨달음을 얻어 성불할 적에, 그 나라의 중생들이 모두 32대인상[50]의 훌륭한 모습을 갖추지 못한다면, 저는 차라리 깨달음을 다 이루지 않고 부처가 되지 않겠습니다.

22. 제가 깨달음을 얻어 성불할 적에, 다른 불국토의 보살들이 제 나라에 와서 태어난다면 필경에 그들은 한 생

---

50. 32대인상(大人相)/ 32상. 부처님과 전륜성왕에게 나타나는 거룩한 모습과 형상.

만 지나면 반드시 부처가 되는 일생보처[51]의 자리에 이르게 되오리다. 다만 그들의 소원에 따라, 중생을 위하여 큰 서원을 세우고 선근공덕을 쌓아 일체 중생들을 제도하고, 또는 모든 불국토에 다니며 보살의 행을 닦아 시방세계의 여러 부처님들을 공양하고 또한 한량없는 중생을 교화하여 위없이 바르고 참다운 가르침을 세우고자 예사롭고 순탄한 수행을 초월하여 짐짓, 보현보살의 공덕을 닦으려하는 이들은 자재로 그 원행을 따를 것이오나, 다른 보살들의 일생보처에 이르지 못한다면, 저는 차라리 깨달음을 다 이루지 않고 부처가 되지 않겠습니다.

23. 제가 깨달음을 얻어 성불할 적에, 그 나라의 보살들이 부처님의 신통력을 입고, 모든 부처님을 공양하기 위하여 한참 동안에 헤아릴 수 없는 모든 불국토에 두루 이를 수가 없다면, 저는 차라리 깨달음을 다 이루지 않고 부처가 되지 않겠습니다.

24. 제가 깨달음을 얻어 성불할 적에, 그 나라의 보살들이 모든 부처님께 공양드리는 공덕을 세우려 할 때, 그들이 바라는 공양하는 모든 물건들을 마음대로 얻을 수 없다면, 저는 차라리 깨달음을 다 이루지 않고, 부처가 되지

---

51. 일생보처(一生補處)/ 한 생을 지내면 부처가 된다는 등각(等覺)의 경지. 바로 성불하기 직전의 위(位), 미륵보살이 일생보처임.

않겠습니다.

25. 제가 깨달음을 얻어 성불할 적에, 그 나라의 보살들이 부처님의 일체지혜를 연설할 수 없다면, 저는 차라리 깨달음을 다 이루지 않고 부처가 되지 않겠습니다.

26. 제가 깨달음을 얻어 성불할 적에, 그 나라의 보살들이 천상의 금강역사[52]인 나라연[53]과 같은 견고한 몸을 얻지 못한다면, 저는 차라리 깨달음을 다 이루지 않고 부처가 되지 않겠습니다.

27. 제가 깨달음을 얻어 성불할 적에, 그 나라의 중생들과 일체만물을 정결하고 찬란하게 빛나게 하고, 또 그 모양이 빼어나고 지극히 미묘해 능히 달아 보기 어려우리니, 만약 천안통을 얻은 이가 그 이름과 수효를 헤아릴 수 있다면, 저는 차라리 깨달음을 다 이루지 않고 부처가 되지 않겠습니다.

28. 제가 깨달음을 얻어 성불할 적에, 그 나라의 보살들을 비롯하여 공덕이 적은 이들까지 그 나라의 보리수 나무가 한없이 빛나고 그 높이가 4백만 리나 되는 것을 알아보지 못한다면, 저는 차라리 깨달음을 이루지 않고 부

---

52. 금강역사(金剛力士)/ 금강나라연신(金剛那羅延身. 천상의 역사. 금강처럼 견고한 몸을 말함.
53. 나라연(那羅延)/ 천상에 있는 역사의 이름. 그 힘이 코끼리보다 백만 배나 세다고 함.

처가 되지 않겠습니다.

29. 제가 깨달음을 얻어 성불할 적에, 그 나라의 보살들이 스스로 경을 읽고 외우며, 또한 남에게 설법하는 변재와 지혜를 얻을 수 없다면, 저는 차라리 깨달음을 다 이루지 않고 부처가 되지 않겠습니다.

30. 제가 깨달음을 얻어 성불할 적에, 그 나라의 보살들의 지혜와 변재가 한량이 있다면, 저는 차라리 깨달음을 다 이루지 않고 부처가 되지 않겠습니다.

31. 제가 깨달음을 얻어 성불할 적에, 그 불국토가 한없이 청정하여, 시방일체의 무량무수한 모든 부처님의 세계를 모두 다 낱낱이 비쳐봄이 마치 맑은 거울로 얼굴을 비쳐 보는 것과 같지 않다면, 저는 차라리 깨달음을 다 이루지 않고 부처가 되지 않겠습니다.

32. 제가 깨달음을 얻어 성불할 적에, 지상이나 허공에 있는 모든 궁전이나 누각이나, 흐르는 물과 꽃, 나무, 나라 안에 있는 일체만물은 모두 헤아릴 수 없는 보배와 백천 가지의 향으로 이루어지고, 그 장엄하고 기묘함이 인간계나 천상계에서는 비교할 수 없으며, 그 미묘한 향기가 시방세계에 두루 풍기면 보살들은 그 향기를 맡고 모두 부처님의 행을 닦게 되리니, 만약 그렇지 않다면, 저는 차라리 깨달음을 다 이루지 않고 부처가 되지 않겠습니다.

33. 제가 깨달음을 얻어 성불할 적에, 시방세계의 한량

없고 불가사의한 모든 불국토의 중생으로, 저의 광명이 그들의 몸에 비치어 접촉한 이는 그 몸과 마음이 부드럽고 상냥하며, 인간과 천상을 초월하오리니, 만약 그렇지 않다면, 저는 차라리 깨달음을 다 이루지 않고 부처가 되지 않겠습니다.

34. 제가 깨달음을 얻어 성불할 적에, 시방세계의 헤아릴 수 없고 불가사의한 모든 부처님 세계의 중생들이 제 이름을 듣고, 보살의 무생법인과 깊은 지혜공덕인 다라니법문[54]을 얻을 수 없다면, 저는 차라리 깨달음을 다 이루지 않고 부처가 되지 않겠습니다.

35. 제가 깨달음을 얻어 성불할 적에, 시방세계의 헤아릴 수 없고 불가사의한 부처님 세계의 여인들이 제 이름을 듣고 환희심을 내어 보리심을 일으키고, 여자의 몸으로 태어나는 것을 싫어하는 이가 목숨을 마친 후에 다시금 여인이 된다면, 저는 차라리 깨달음을 다 이루지 않고 부처가 되지 않겠습니다.

36. 제가 깨달음을 얻어 성불할 적에, 시방세계의 헤아릴 수 없고, 불가사의한 모든 부처님 세계의 보살들이 제 이름을 듣고, 수명이 다한 후에도, 만약 청정한 수행을 할

---

54. 다라니법문/ 총지, 또는 능지, 능차라 번역. 또는 주(呪), 주문을 말하기도 한다. 이 뜻은 모든 진리를 지녀 잃는 법 없이 간직하는 것을 말함.

수 없고, 필경에 성불하지 못한다면, 저는 차라리 깨달음을 다 이루지 않고 부처가 되지 않겠습니다.

37. 제가 깨달음을 얻어 성불할 적에, 시방세계의 헤아릴 수 없고 불가사의한 모든 부처님 세계의 중생들이 제 이름을 듣고 땅에 엎드려 부처님을 예배하며 환희심과 신심을 내어 보살행을 닦을 때, 모든 천신과 인간들이 그들을 공경하지 않는다면, 저는 차라리 깨달음을 다 이루지 않고 부처가 되지 않겠습니다.

38. 제가 깨달음을 얻어 성불할 적에, 그 나라의 중생들이 의복을 얻고자 할 때 생각하는 대로 바로 훌륭한 옷이 저절로 입혀지는 것이 마치 부처님이 찬탄하시는 가사가 자연히 비구들의 몸에 입혀지는 것과 같으오리니, 만약 그렇지 않고 바느질이나, 다듬이질이나, 물들이거나, 빨래할 필요가 있다면, 저는 차라리 깨달음을 다 이루지 않고 부처가 되지 않겠습니다.

39. 제가 깨달음을 얻어 성불할 적에, 그 나라의 중생들이 누리는 상쾌한 즐거움이 일체번뇌를 여읜 비구와 같지 않다면, 저는 차라리 깨달음을 다 이루지 않고 부처가 되지 않겠습니다.

40. 제가 깨달음을 얻어 성불할 적에, 그 나라의 보살들이 시방세계의 헤아릴 수 없는 청정한 불국토를 보고자 하면, 그 소원대로 보배나무에서 모두 낱낱이 비쳐 보는

것이 마치 맑은 거울에 그 얼굴을 비쳐 보는 것과 같으오리니, 만일 그렇지 않다면, 저는 차라리 깨달음을 다 이루지 않고 부처가 되지 않겠습니다.

41. 제가 깨달음을 얻어 성불할 적에, 다른 세계의 여러 보살들이 제 이름을 듣고 부처님이 될 때까지 육근[55]이 원만하여 불구자가 되는 일이 없도록 하오리니 만약 그렇지 않다면, 저는 차라리 깨달음을 다 이루지 않고 부처가 되지 않겠습니다.

42. 제가 깨달음을 얻어 성불할 적에, 다른 세계의 보살들이 제 이름을 들은 이는 모두 청정한 해탈심을 얻을 것이며, 매양 이 삼매에 머물러 한 생각 동안에 헤아릴 수 없고 불가사의한 모든 부처님을 공양하고도, 오히려 삼매를 잃지 않으리니, 만일 그렇지 않다면, 저는 차라리 깨달음을 다 이루지 않고 부처가 되지 않겠습니다.

43. 제가 깨달음을 얻어 성불할 적에, 다른 세계의 보살들이 제 이름을 듣고도, 수명이 다한 후에 존귀한 집에 태어나지 않는다면, 저는 차라리 깨달음을 다 이루지 않고 부처가 되지 않겠습니다.

44. 제가 깨달음을 얻어 성불할 적에, 다른 세계의 보살들이 제 이름을 듣고 한없이 기뻐하며 보살행을 닦아서

---

55. 육근(六根)/ 눈, 귀, 코, 혀, 몸, 뜻으로서 오관(官)과 마음을 말함.

모든 공덕을 갖추오리니, 만일 그렇지 않다면, 저는 차라리 깨달음을 다 이루지 않고 부처가 되지 않겠습니다.

45. 제가 깨달음을 얻어 성불할 적에, 다른 세계의 보살들이 제 이름을 들으면, 그들은 모두 부처님을 두루 뵈올 수 있는 삼매를 얻을 것이며, 매양 이 삼매에 머물러 성불하기까지 언제나 불가사의한 일체 모든 부처님을 뵈올 수 있으오리니, 만일 그렇지 않다면, 저는 차라리 깨달음을 이루지 않고 부처가 되지 않겠습니다.

46. 제가 깨달음을 얻어 성불할 적에, 그 나라의 보살들은 듣고자 하는 법문을 소원대로 자연히 들을 수 있으오리니, 만일 그렇지 않다면, 저는 차라리 깨달음을 다 이루지 않고 부처가 되지 않겠습니다.

47. 제가 깨달음을 얻어 성불할 적에, 다른 세계의 보살들이 제 이름을 듣고서 일체의 공덕이 물러나지 않는 불퇴전의 자리에 이를 수 없다면, 저는 차라리 깨달음을 다 이루지 않고 부처가 되지 않겠습니다.

48. 제가 깨달음을 얻어 성불할 적에, 다른 세계의 보살들이 제 이름만 듣고도 바로 설법을 듣고 깨닫는 음향인[56]과 진리에 수순하는 유순인[57]과 나지도 죽지도 않는 도리를

---

56. 음향인(音響忍)/ 불보살의 음성, 또는 극락세계의 아름다운 음악을 듣고 깨닫는 것.
57. 유순인(柔順忍)/ 마음이 유순하여 진리를 따르고, 거스르지 않는 것.

깨닫는 무생법인[58]을 성취하지 못하고, 모든 불법에서 물러나지 않는 불퇴전의 자리를 얻을 수 없다면, 저는 차라리 깨달음을 다 이루지 않고 부처가 되지 않겠습니다.'

아난이여! 법장비구는 세자재왕 부처님 앞에서 이와 같은 마흔여덟 가지의 거룩한 서원을 낱낱이 아뢰고 나서, 다시 게송으로 노래를 지어 거듭 서원을 밝혔느니라.

내가 세운 서원은 세상에 없는 일
위없는 바른 길을 가고야 말리
이 원을 원만히 성취하지 못하면
맹세코 부처는 되지 않으리.

한량없는 오랜 겁의 세월을 두고
내가 만일 큰 시주가 되지 못하여
가난한 고해중생을 제도 못하면
맹세코 부처는 되지 않으리.

내가 만일 위없는 부처가 되어

---

58. 무생법인(無生法忍)/ 나지도 않고 멸하지도 않는 불생불멸의 진여의 이치를 무생법(無生法)이라 함. 인(忍)이란 인가하고 결정한다는 뜻이므로, 지혜로써 진여의 이치를 깨닫는 것을 말한다. 음향인, 유순인, 무생법인을 삼인(三忍)이라 함.

그 이름 온 누리에 떨쳐 넘칠 때
한 사람이라도 듣지 못한 이 있을 적에는
맹세코 부처는 되지 않으리.

욕심 없는 바른 길 깊이 새기고
청정한 지혜로 도를 닦아서
위없는 진리를 모두 갖추어
천상과 인간의 스승이 되리.

신통력과 빛나는 광명 모두 나투고
끝없는 모든 세계 두루 비추어
탐진치의 검은 때를 녹여 버리고
중생의 온갖 재난 구제하리라.

그네들의 지혜 눈 밝게 열어서
이 세상 어두운 이 눈뜨게 하며
여러 가지 나쁜 길 막아 버리고
좋은 세상 가는 길 활짝 열리라.

지혜와 공덕을 두루 갖추고
거룩한 광명은 시방에 넘쳐
저 하늘의 해와 달도 그 빛을

부끄러워하고
천상의 광명도 숨어 버리네.
중생을 위하여 진리 밝히고
공덕의 보배를 널리 베풀며
언제나 많은 대중 모인 가운데
사자후의 큰 소리로 법을 설하네.

온 세계 부처님께 공양 올리며
한량없는 공덕을 두루 갖추고
서원과 지혜를 모두 이루어
삼계의 영웅인 부처되리라.
부처님의 걸림없는 지혜와 같이
모든 것 통달하여 두루 비추니
바라건대 내 공덕 밝은 지혜가
세자재왕 부처님과 같을지이다.

정녕 이 서원이 이루어지면
삼천대천세계가 감동을 하고
허공 중에 가득한 하늘사람들
신묘한 꽃비를 뿌려 주리라.

법장비구가 이 게송을 읊고 나자 대지는 여섯 갈래로

울리고, 하늘에서는 아름다운 꽃이 비 오듯이 흩날리며, 난데없이 그윽한 음악이 울리기 시작하는데, 허공에서 이런 소리가 들려왔다.

'법장비구여! 그대는 반드시 위없는 대도를 성취하여 부처가 되리라!'

이 찬탄의 소리를 들은 법장비구는 비길 데 없는 큰 서원을 원만히 이루고자 하는 진실한 마음이 추호도 흔들리지 않고, 세상의 모든 일을 초월하여 간절한 열반의 더없는 경지를 흠모하여 마지 않았다.

아난이여! 이처럼 법장비구는 세자재왕 부처님 앞에서 범천과 마왕, 용신 등의 팔부대중[59]과 그밖에 다른 많은 대중들이 지켜보는 가운데 이러한 48가지의 크나큰 서원을 세웠다. 그리고는 한결 같이 뜻을 굳건히 하여 오직 불국정토를 이루고자 하는 결심을 하였다.

그런데 그가 세우고자 하는 불국토는 한없이 넓고 청정미묘하여, 비길 데가 없었으며 또한 그 나라는 모든 것이 영원불변하여 변하지도 않고 사라지지도 않는 극락의 정토였다. 법장비구는 이처럼 청정하고 장엄한 정토를 세우기 위하여 불가사의하게 오랜 세월, 영겁을 지나면서 보

---

59. 팔부대중(八部大衆)/ 천상, 용, 야차, 건달바, 아수라, 가루라, 긴나라, 마후라가를 말한다. 불법을 수호하는 신중.

살의 헤아릴 수 없는 수행공덕을 쌓았던 것이다.

그는 탐내고 성내는 마음, 남을 해치려는 생각은 아예 하지도 않고 일으키지도 않았으며, 모든 느낌의 대상인 형상이나 소리, 향기나 맛, 촉감이나 분별하는 생각에 대해서도 집착하지 않았다. 그런가 하면, 어려움을 참아내는 인욕의 행을 닦아서 어떠한 고통에도 마음이 흔들리지 않았으며, 어떤 경우에 처하더라도 스스로 만족을 구해 탐욕과 성냄, 어리석음의 삼독 번뇌에 물들지 않고 항상 삼매에 잠겨, 그의 밝은 지혜는 어디에도 걸림이 없었다.

그리고 남을 대할 때에는 거짓과 아첨하는 마음이 언제나 온화한 얼굴과 부드러운 말로써 미리 중생들의 마음을 살펴, 그들을 기쁘게 하였다. 또 언제나 용맹정진하기에 힘써 그 거룩한 뜻이 조금도 흩어지지 않고, 바르고 참된 진리를 구하였다.

그리고 그는, 불·법·승 삼보를 공경하고, 스승과 어른을 받들어 섬겼으며, 온갖 수행을 쌓고 복과 지혜의 큰 장엄으로 모든 중생들에게 공덕을 쉬이 성취하도록 하였다.

그는 또 일체 모든 현상 속에 들어 있는 실상은 본래 비어 있으니, 어느 것도 변하지 않는 것이 없고, 바랄 것도 없다는 삼매에 들어 어떠한 차별심도 아예 일으키지 않았다. 그 모든 것은 다만 여러 가지 인연이 화합하여 이루어졌으니, 허깨비와 같고 뜬구름처럼 허망하다는 사실을 관조하였다.

그리고 그는 자기를 그르치고 남을 해치는 부질없는 말들을 멀리 하고, 자기와 남에게 한결같이 공덕이 되는 청정한 수행을 닦았다. 그래서 그는 자신의 나라와 왕위, 온갖 재물과 보배를 버리고 처자와의 인연까지도 끊어 버렸다.

그는 몸소 보시와 지계, 인욕과 정진과 선정과 지혜 등, 육바라밀의 보살행을 항상 행하였으며, 또한 남에게도 이를 가르쳐 수행하도록 하였다.

이렇듯 그는 이루 헤아릴 수 없는 오랜 세월을 두고 무수한 공덕을 쌓았다. 그래서 법장비구는 어느 곳이든, 자신이 원하는 곳에 태어났으며, 한량 없는 법문이 저절로 우러나와 수없이 많은 중생들을 교화하여 평안하게 하고, 더 없이 올바른 진리를 깨닫게 하였다.

그는 때로는 부유하고 덕이 높은 장자로 태어나기도 하고, 혹은 거사로 태어나기도 하였다. 그런가 하면, 높은 벼슬아치·국왕·전륜성왕, 나아가 육욕천[60]의 범천왕에 이르기까지 자신이 바라는 대로 태어나서 언제나 음식과 의복, 침구와 약품 등으로 모든 부처님을 공경하고 공양하였다.

---

60. 육욕천(六欲天)/ 사왕천, 도리천, 야마천, 도솔천, 화락천, 타화자재천.

법장비구의 이러한 공덕은 이루 헤아릴 수 없느니라.

그래서 법장비구의 입에서는 깨끗하기 그지없는 향기가 마치 우담바라꽃처럼 퍼져 나왔고, 온 몸에서는 전단향의 그윽한 향기가 풍기니, 그 아름다운 향훈이 한량없는 세계에 두루 떨쳤다. 또, 그 모습은 단정하고 상호는 원만해 거룩하기 그지 없었고, 손에서는 항상 온갖 보배가 다 들어 있었다.

또한 옷과 음식은 진기하기 짝이 없고, 아름다운 꽃과 향이며, 갖가지 비단 일산과 깃대 등 아름다운 장식물들이 이 세상의 것이라고 믿을 수 없을 만큼 뛰어나고 훌륭하였다. 이처럼 그는 이 모든 것을 자유자재로 누릴 수 있었다."

제4장. 미타성불과 극락정토의 장엄

아난이 부처님께 여쭈었다.

"법장보살은 이미 성불하시어 영원히 안온한 열반의 경지에 드셨습니까? 그렇지 않으면 아직 성불하지 못하셨습니까? 혹은 이미 성불하셔서 현재 계시옵니까?"

부처님께서 아난에게 말씀하셨다.

"법장보살은 이미 성불하여 서쪽나라에 계시는데, 그 부처님의 이름은 아미타불, 또는 무량수불이라고 한다.

그 나라는 10만억의 나라를 지난 멀고 먼 나라로 극락세계라고 이름 하느니라."

아난이 다시 여쭈었다.

"부처님이시여! 그렇다면 아미타 부처님께서 성불하신지 얼마나 되나이까?"

부처님께서 말씀하셨다.

"아미타 부처님이 성불하신 지는 벌써 10겁이 지났느니라. 그런데 그 불국토는 금·은·유리·산호·호박·자거·마노 등의 칠보로 다 이루어지고 넓고 광대하여 끝이 없으며 그 곳의 갖가지 보배들은 그 빛이 찬란하고 더할 수 없이 아름다워 그 땅은 미묘하고도 청정하게 장엄이 되어 시방 세계의 그 어느 곳보다 아름다운 곳이다.

그 곳의 보배들은 이 세상 보배 가운데 으뜸인 것들로 마치 타화자재천[61]의 보배와도 같다. 또한 그 땅에는 수미산과 금강철위산 등 일체의 산이 없고, 바다나 강, 시내나 골짜기, 우물도 없으나 필요하다면 부처님의 신통력으로 바로 생겨나느니라. 그리고 지옥과 아귀와 축생 등의 모진 괴로움도 없고, 봄·여름·가을·겨울의 4계절도 없어서, 춥지도 않고 덥지도 않아 항상 온화하고 상쾌한 날씨가 이어지느니라."

---

61. 타화자재천(他化自在天)/ 욕계 가장 높은 곳에 있는 하늘.

그때 아난이 부처님께 여쭈었다.

"부처님이시여! 만약 그 땅에 수미산이 없다면 그 산에 있다는 사천왕[62]과 도리천[63]은 어디에서 사나이까?"

부처님께서 말씀하셨다.

"아난이여! 그러면 그대는 야마천[64]으로터 색구경천[65]까지의 모든 천상의 중생들이 어디에서 머물며 살고 있다고 생각하느냐?"

아난이 말씀드렸다.

"부처님. 그들은 각각 자신이 지은 업에 따라 불가사의한 과보를 받아 자기에게 합당한 곳에서 머물고 있을 것입니다."

부처님께서 말씀하셨다.

"업으로 인한 과보가 불가사의하여 그들이 머물러 살 수 있는 천상계가 있다면, 모든 부처님들의 세계 또한 불가사의하다. 그래서 그 불국토에 사는 모든 중생들도 그들이 이미 지은 선업과 공덕의 힘에 의해 생겨난 땅에 머물

---

62. 사천왕(四天王)/ 수미산 가운데 산다고 하는데, 동쪽의 지국천왕, 남쪽의 증장천왕, 서쪽의 광목천왕, 북쪽의 다문천왕을 말함.
63. 도리천/ 수미산 정상에 있는 욕계 제2천. 33천이라고도 번역.
64. 야마천(夜摩天)/ 욕계 제3천을 말하는데, 시분천(時分天)이라고도 번역.
65. 색구경천(色究竟天)/ 색계 18천의 하나. 사선천(四禪天)의 맨 위 하늘을 일컬음. 곧 모양을 가진 가운데는 마지막 하늘이다. 흔히 하느님이라는 말은 색계와 욕계를 지배하는 이 색구경천의 대범천왕을 말함.

며 사노라. 그러나 수미산이 없더라도 아무런 불편이 없느니라."

아난이 부처님께 여쭈었다.

"제가 그러한 법을 의심하지는 않습니다만, 다만 미래의 중생들을 위해, 혹시 그들이 궁금하게 여길지도 모를 의심을 풀어 주고자 짐짓 여쭈어 보았습니다."

부처님이 다시 아난에게 말씀하셨다.

"아난이여! 이 무량수불의 위신력과 밝은 광명은 가장 높고 뛰어나서 다른 모든 부처님의 광명이 그에 미치지 못한다. 백천만억의 불국토만이 아니라 항하의 모래알처럼 헤아릴 수 없는, 시방 세계의 모든 국토를 두루 비추느니라. 그리고 때에 따라 부처님의 광명은 일곱 자를 비추기도 하고, 때로는 40리, 80리 혹은 120리를 자유자재로 비추는데, 나아가 모든 부처님의 세계를 널리 비추기도 하느니라. 그러므로 무량수불을 달리 무량광불이라 이름하기도 하고, 무량광불·무변광불·무예광불·무대광불·염왕광불·청정광불·환희광불·지혜광불·부단광불·난사광불·무칭광불·초일월광불이라 찬탄하여 부르느니라.

그런데 만약 중생들이 이러한 무량수불, 아미타 부처님의 광명을 만나게 되면 탐욕과 성냄, 어리석은 마음이 저절로 스러지고 몸과 마음이 부드럽고 상냥해지며, 기쁨이 가슴 가득 넘쳐 진리를 구하려는 착한 마음이 용솟음쳐 일어나느니라. 그리고 지옥과 아귀와 축생 등의 괴로운 삼악도에서도 이 광명을 만나게 되면, 모두가 평안한 휴식을 얻어 다시는 괴로움을 겪지 않고, 목숨이 다한 뒤에도 해탈을 얻게 되느니라.

이와 같이 무량수불의 광명은 너무도 찬란하게 빛나서, 시방세계의 모든 곳을 비추어 미치지 않은 곳이 없고, 그 이름을 떨치지 않은 데가 없다. 그래서 나만이 그 광명을 찬탄하는 것이 아니고, 모든 부처님과 성문·연각·보살들도 한결같이 무량수불의 광명을 찬탄하느니라.

그리고 만약 중생들이 그 광명의 위신력과 공덕을 듣고 밤낮으로 찬탄하는 지극한 마음이 끊이지 않는다면, 그는 부처님의 나라에 태어나고자 하는 소원을 이룰 것이다. 그래서 모든 보살과 성문들이 그 공덕을 찬양하고, 또한 장차 깨달음을 이루었을 때, 시방세계의 모든 부처님들과 보살들이 지금 무량수불을 공경하는 것처럼 그의 광명을 찬탄할 것이니라.

아난이여, 진실로 무량수불의 광명과 위신력이 그지없이 위대하고 미묘함은, 내가 한 겁을 두고 밤낮 동안 내내 말한다 하더라도 오히려 다 말하지 못하느니라."

부처님께서 다시 말씀하셨다.

"아난이여! 무량수불의 수명은 한량없이 길어서 이루 헤아릴 수 없다.

어찌 그대가 헤아려서 알 수 있을까 보냐. 가령 시방세계의 모든 중생이 다 성문이나 연각의 성인이 되어 다 같이 한 자리에 모여서, 생각을 고요히 하고 오로지 한 마음으로 그들의 모든 지혜를 다해 백천만 겁을 세어 본다 해도, 다할 수 없고, 그 끝을 알 수 없느니라.

그리고 극락세계의 성문과 보살, 천인들의 수명도 또한 이와 같아 세어 보아도 알 수 없고, 예를 들어서 말할 수도 없느니라. 그들은 모두 지혜와 신통을 갖추어 그 위력이 자재하고, 능히 손바닥 위에 모든 세계를 올려놓을 수도 있느니라."

부처님께서 아난에게 다시 말씀하셨다.

"아난이여! 무량수불이 성불하신 후, 처음 설법하신 법회에 모인 성문과 보살들의 수는 이루 헤아릴 수 없이 많으니라. 지금 내 옆에서 신통제일을 자랑하는 목건련 같은 이가 백천만 명이 모여, 한없는 겁 동안에 걸쳐 그들의 수명이 다할 동안 헤아린다 해도 그 수를 알 수 없느니라. 비유하건대, 가령 어떤 사람이 가는 터럭 하나를 백으로 나누어 그 하나의 털끝으로 망망한 바닷물을 한 번씩 적신다면, 얼마나 되겠느냐? 그리고 그 털 끝에 적신 바닷물과 넓은 바다의 물과는 어느 쪽이 더 많겠느냐?"

아난이 부처님께 아뢰었다.

"저 털 끝에 적신 물과 큰 바다의 물을 비교한다면, 그 차이를 어떻게 세어 보거나 말로써 다할 수 있겠습니까?”

부처님께서 아난에게 말씀하셨다.

“아난이여! 그와 마찬가지니라. 목건련과 같이 신통력이 뛰어난 이들이 수없이 모여 백천만 억 나유타의 오랜 세월을 두고 헤아린다 해도, 그 수는 오히려 털 끝에 묻은 한 방울의 물에 지나지 않는다. 무량수불의 처음 법회에 모인 성문과 보살들의 수는 큰 바다의 물과 같이 헤아릴 수 없이 많으니라.

또한 무량수불의 불국토인 극락세계에는 칠보로 만들어진 갖가지의 나무가 온 세계에 가득하다. 금으로 된 나무·은으로 된 나무·유리나무·파려나무·산호나무·마노나무·자거나무 등이 울창한데, 때로는 두 가지의 보배로 이루어지기도 하고, 세 가지, 네 가지, 일곱 가지 보배가 더해 이루어지기도 했느니라.

그리고 금나무에는 은으로 된 잎사귀와 열매가 열리기도 하고, 은나무에서 금이파리와 꽃과 열매가 달리기도 한다. 혹은 유리나무에 파려의 잎과 꽃과 열매가, 또 자거나무에 다른 여러 가지 보배가 합해져서 꽃잎과 열매가 맺기도 하느니라.

그리고 어느 보배나무는 자마금의 뿌리에 백은의 줄기, 유리의 가지, 수정의 줄기에 산호의 잎, 마노의 꽃, 자거의 열매를 맺기도 한다.

어떤 보배나무는 백은을 뿌리로 하고, 유리의 줄기, 수정의 가지, 산호의 줄기에 마노의 잎, 자거의 꽃과 자마금의 열매가 달리고, 어느 보배나무는 유리를 뿌리로 하고 수정의 줄기, 산호의 가지, 마노의 줄기에 자거의 잎, 자마금의 꽃과 백은의 열매를 맺는다. 어떤 보배 나무는 수정의 뿌리에 산호의 줄기, 마노의 가지, 자거의 줄기에 자마금의 잎, 백은의 꽃과 유리의 열매로 이루어져 있고, 어느 보배나무는 산호의 뿌리에 마노의 줄기, 자거의 가지, 자마금의 줄기에 백은의 잎, 유리의 꽃과 수정의 열매로 이루어져 있다. 어느 보배 나무는 마노의 뿌리에 자거의 줄기, 자마금의 가지, 백은의 줄기에 유리의 잎, 수정의 꽃과 산호의 열매로 이루어져 있다.

이처럼 칠보가 서로 번갈아 뿌리가 되기도 하고, 줄기는 줄기끼리 마주보고, 가지는 가지끼리, 잎과 잎, 꽃과 꽃, 열매와 열매가 서로 마주보고 나란히 서 있어, 그 찬란한 빛의 아름다움은 눈이 부시어 바라보기 어려우며, 맑은 바람이 나뭇가지를 스치면, 살랑거리는 다섯 가지의 소리가 미묘하게 울려 퍼져 자연히 아름다운 조화를 이루느니라.

또 무량수불이 계시는 극락세계에서는 보리수의 높이가 4백만 리나 된다. 그 나무 밑 둥의 둘레는 50유순이며, 그 가지와 잎은 사방으로 20만 리나 널리 퍼져 있다. 이 보리수는 온갖 보배로 이루어져 있고, 가장 으뜸이 되는 보배라 일컬어지는 월광마니와 지해윤보로 아름답기 그지 없게 꾸며져 있느니라.

그리고 이 보리수의 가지와 가지 사이에는 보배로 된 영락이 드리워져 있다. 구슬들의 빛깔은 백천 가지로 변하며, 광명이 한없이 비치어 끝이 없고, 나무 위에는 그지없이 귀하고 묘한 보배로 만들어진 그물이 덮여 있다.

이런 아름다운 모든 보배장엄들은 바라는 대로 저절로 나타나고 생겨나느니라. 가벼운 산들바람이 보배나무를 스치면, 한량없는 묘법의 음악이 울려 퍼지고, 그 소리가 더 높게 울려 퍼져 모든 부처님의 나라에 가득 차느니라.

그래서 그 아름다운 소리를 듣거나 그 향기를 맡는 이, 맛을 보거나 그 광명이 몸에 비치거나 마음으로 그런 장엄들을 생각하는 모든 중생들은 나고 죽는 생사의 이치를 깨닫는 무생법인을 얻고, 다시는 물러나지 않는 불퇴전의 경지에 머문다. 그래서 성불할 때가지 육근이 청정하여 아예 모든 번뇌와 시름을 겪지 않느니라.

아난이여! 극락세계에 있는 인간이나 천신들이 이 곳의 보리수를 보면, 삼법인을 얻는다. 그 첫째는 가르침을 듣고 깨달아 항상 마음이 편안한 음향인이다.

둘째는 진리에 순종하여 법대로 행하는 유순인이다. 셋째는 모든 법의 실상을 깨닫는 무생법인이다.

그런데 이러한 모든 장엄과 공덕들은 무량수불의 위신

력에 의한 것이며, 법장비구로 있을 때 세운 본원력 때문이다. 또한 원만하고 분명하고 굳센 원력 때문이며, 끝까지 나아가 이루고자 하는 구경의 서원력 때문이다."

부처님께서 다시 아난에게 말씀하셨다.

"아난이여! 극락세계에 있는 보배나무에서 흘러나오는 아름다운 음악은 이 세상의 제왕들이 사는 곳에서 들을 수 있는 백천 가지의 음악보다도, 또는 전륜성왕의 음악보다도, 더 나아가 육욕천상의 모든 재주를 다한 음악보다도 천억만 배나 더 훌륭하다.

또한 보배나무의 음악 외에도 자연스레 울리는 천만 가지의 음악이 있는데, 그 소리는 모두 진리를 나타내는 신묘한 소리로서, 한량없이 맑고 애절하며, 미묘하고 아늑하여 시방세계의 모든 음악 소리 가운데 으뜸이니라.

아난이여! 저 극락세계의 강당과 절과 궁전과 누각들은 모두 칠보로 만들어져 있다. 그것들은 저절로 생겨났으며, 진주와 명월마니주로 엮은 보배그물이 그 위를 덮었느니라. 그리고 그 안팎과 좌우의 양 옆에는 여기저기에 목욕할 수 있도록 맑은 호수가 있다. 그 호수의 크기는 10유순에서 20유순, 30유순, 더 나아가 백천 유순도 되며, 그 호수들은 각기 가로와 세로, 깊이가 다 같고 여덟 가지 공덕이 있는 8공덕수가 충만하다. 그 호수의 물은 청정하고, 향기로움과 신비한 맛은 마치 감로수와도 같다.

그리고 황금의 못에는 백은의 모래가 깔리고, 백은의 못에는 황금의 모래가 깔리고, 수정의 못에는 유리의 모래가, 유리의 못에는 수정의 모래가, 산호의 못에는 호박의 모래가, 호박의 못에는 산호의 모래가, 자거의 못에는 마노의 모래가, 마노의 못에는 자거의 모래가, 백옥의 못에는 자마금의 모래가, 자마금의 못에는 백옥의 모래가 깔려 있다.

여기에는 이렇듯 두 가지, 세 가지, 나아가 더 많은 여러 가지 보배들이 더해져 이루어졌느니라. 또한 못가의 언덕에는 전단향 나무의 꽃잎이 무성하게 드리워졌고, 그 향기는 널리 퍼져 나간다. 물 위에는 아름다운 청련화·홍련화·황련화·백련화가 서로 어울려 찬란하게 빛나며, 물 위를 가득 덮어 피어 있느니라.

그래서 이러한 소리를 듣는 이는 마음이 청정해지고 모든 탐욕을 떠나 생사를 초월한 참다운 영생의 진리를 따르게 된다. 불·법·승의 삼보와 사무소외[66]와 18불공법[67]을 따르게 되고, 이 모든 신통 지혜를 통달하여 보살과 성문

---

66. 사무소외(四無所畏)/ 설법할 때 두려움이 없는 네 가지 공덕. ①나는 일체의 것을 다 안다. ②나는 일체 번뇌를 다 끊었다. ③나는 도를 가로막는 모든 것을 다 알 수 있다. ④나는 괴로움을 없애는 길을 능히 설법할 수 있다의 네 가지.
67. 18불공법(不共法)/ 부처님에게만 있는 18종의 지혜, 공덕·성문·연각이나 보살에겐 해당되지 않는다.

들이 수행하는 진리의 대도를 따르게 되느니라.

　그리고 그 불국토에는 지옥과 아귀와 축생 등 삼악도의 이름마저도 들을 수 없어, 들리느니 상쾌하고 즐거운 음악뿐이다. 그러므로 그 세계의 이름을 극락세계라고 하느니라. 아난이여! 극락세계에 태어나는 이는 누구나 이처럼 청정한 몸과 아름다운 목소리, 모든 신통력과 공덕을 갖추게 된다. 그들이 사는 궁전을 비롯하여 의복과 음식, 여러 가지 아름다운 꽃과 향이며, 장식물들이 마치 제6천인 타화자재천에 자연히 갖추어져 있는 것 같으니라.

　만약 음식이 먹고 싶을 적에는 금·은·유리·자거·마노·산호·호박 등의 일곱 가지 보배나 명월주, 진주로 만들어진 그릇에 담겨 나오는데, 그 음식들은 하나같이 맛이 뛰어난 것들로 저절로 앞에 와서 놓이게 되느니라.

　그러나 이처럼 풍족한 음식이 있더라도, 실지 먹는 것은 아니며, 다만 그 빛깔과 향기를 즐기는 것만으로도 자연히 배가 부르게 되느니라. 그리고 몸도 마음도 부드럽고 상쾌해져 음식의 맛에 집착하지 않으며, 이러한 식사를 마치면 그릇과 음식은 자연히 사라지고, 다시 바라면 저절로 나타나느니라.

　또한 극락세계는 청정하고 안온하며, 미묘하고 상쾌하여 영생 안온한 열반의 경계와 같으니라. 그리고 그 곳에 있는 성문과 보살과 인간과 천신들은 지혜가 한량없이 밝고 신통이 자재하여, 모두 한결 같은 모습으로 달리 생긴 모습이 아니다. 다만 다른 세계의 인연에 따라 인간과 천상의 이름이 있으며, 그 얼굴과 모습은 단정하고 미묘하여 세상에서 뛰어난 천상과 인간에도 비교할 수 없으니, 그들은 모두 허공처럼 형상이 없는 몸이며, 그지없이 즐거운 영생불멸의 몸을 갖추고 있느니라.

극락세계의 보살과 성문들이 보배연못에 들어가, 물이 발목까지 잠기기를 원하면 물은 곧 발을 적시고, 물이 무릎까지 이르기를 원하면, 물은 무릎까지 적신다. 또 물이 허리까지 차기를 원하면 물은 허리까지 차 오르고, 목까기 차기를 원하면 물은 목까지 차 오르고, 온몸을 적시고자 하면 물은 온몸을 적시도록 차 오른다. 그리고 물이 다시 낮아지기를 원하면 물은 도로 본디 있던 높이로 내려가는데, 그 물의 온도 또한 마음에 바라는 대로 자연히 조절되느니라

그리고 그 연못에서 목욕을 하면 정신이 맑아지고 몸이 상쾌해져, 마음의 때까지 말끔히 씻겨 나가느니라. 또한 그 물이 너무나 맑고 투명해 물이 차 있는지 없는지 조차 알기 힘들어, 물 밑바닥까지 환히 드러나 보이니, 아무리 깊은 곳이라도 보이느니라. 잔잔한 물결은 빠르지도 않고, 느리지도 않아, 그지없이 아늑하게 출렁거릴 뿐이니라. 이와 같이 청정하게 굽이치는 물결은 한량없으며, 아름다

운 물결소리는 저절로 울려나와 진리를 깨우치나니, 듣고 자 하는 것은 어느 것이나 다 들을 수 있느니라.

그 소리 가운데 부처님의 거룩하신 음성을 들을 수도 있고, 법문을 들을 수도 있으며, 스님의 가르침을 들을 수도 있고, 나아가 고요한 영생열반의 소리와 일체 만법이 공해, 내가 없다는 소리, 대자대비의 소리나 해탈의 피안을 건너가는 육바라밀[68]소리, 또한 열 가지 뛰어난 지혜인 십력[69]과 네 가지 두려움이 없는 사무소외와 부처님만이 지니는 18불공법의 소리, 이 모든 신통 지혜의 소리를 들을 수 있다.

조작이 없는 평등한 이치의 소리며, 보살이 그 수행을 마칠 때 부처님이 그 정수리에 감로수를 뿌리는 감로관정의 소리도 들을 수 있다. 이 모든 갖가지의 미묘한 진리의 소리가 바라는 대로 들려오니 기쁘고 즐거운 마음은 한량이 없느니라."

부처님께서 다음과 같이 아난에게 비유로 말씀하셨다.

"아난이여! 가령 이 세상에서 아주 가난한 거지가 임금의 옆에 앉는다면 어떤 모습이겠느냐?"

---

68. 육바라밀(六波羅蜜)/ 열반에 이르기 위하여 보살마하살이 수행하는 여섯 가지 보시, 지계, 인욕, 정진, 선정, 지혜.
69. 십력(十力)/ 부처님만이 가진 10가지 능력.

아난은 부처님께 이렇게 아뢰었다.

"부처님, 그 거지의 모습은 파리하고 추해 임금과 비교하기 어려울 것입니다. 그 가난한 거지는 몹시 천한 사람인지라 헐벗었고, 음식은 겨우 목숨을 부지할 정도로만 먹어, 늘 굶주리고 춥고 괴로워 인정과 의리도 거의 끊어질 지경일 것입니다.

이 모든 결과는 과거 전생에 공덕은 짓지 않고, 재물을 모으기만 하고 베풀지 않았으며, 있을수록 더욱 더 탐심을 내고 조그마한 선도 행하지 않고 나쁜 짓만 태산처럼 했기 때문입니다.

이처럼 탐욕만 부리다가 목숨이 다하면, 애써 고생하고 모아 둔 재산은 오히려 근심과 괴로움의 근본이 됩니다. 그래서 자기 자신에게는 아무런 도움이 되지 못하고, 결국 남의 손에 들어가 흩어지고 맙니다. 그래서 자기가 믿고 의지할 착한 일도 한 적이 없고, 덕도 쌓지 않았으므로, 죽은 뒤에는 지옥이나 아귀나 축생 등의 악도에 떨어져 오랜 동안의 괴로움을 겪습니다. 그리고는 지은 죄의 과보를 겨우 마치고 빠져 나오면, 다시 천하고 어리석고 추한 인간으로 태어나게 됩니다.

그리고 세상의 임금이 많은 사람들 중에 존귀한 까닭은, 과거 전생에 많은 공덕을 쌓은데서 오는 과보입니다. 그들은 자비스런 마음이 깊어 남에게 널리 베풀고, 어진 마음으로 많은 사람들을 구제하며, 항상 신용을 지키고 착한 일을 행해, 남과 다투고 싸우는 일이 없습니다.

그런 까닭으로 목숨을 마치면 그가 닦은 공덕에 따라 바로 천상에 태어나서 많은 복과 즐거움을 누리기도 합니다. 또 인간으로 왕가에 태어나 자연히 존엄하고 귀한 용모와 단정한 거동으로 사람들에게 존경을 받습니다. 좋은 의복과 귀한 음식을 마음대로 누리고 누리니, 그것은 모두 과거 전생에 지은 복덕의 과보로 인한 것입니다."

부처님께서 아난에게 말씀하셨다.

"아난이여! 그대의 말이 옳다. 그러나 아무리 인간 중에서 귀하여 용모가 빼어난 임금이라 할지라도, 그 사람을 전륜성왕과는 비할 수 없다. 마치 저 볼품없는 거지를 임금의 옆자리에 앉혀 놓는 것처럼, 또 비록 전륜성왕의 그 위엄이 늠름하고 빼어나서 천하제일이라 해도 도리천왕에 비교할 수 없다. 그 또한 도리천왕에 비한다면, 천하고 추하기가 만억 배나 차이가 지며, 나아가 도리천왕을 제6천의 타화자재천왕에 비한다면, 또한 그 차이가 백천억 배도 넘는다. 그런데 그 타화자재천왕을 저 무량수불의 극락세계에 있는 보살들이나, 성문들에게 비한다면 그 빛나는 얼굴과 단정한 용모의 차이는 백천만 배나 되어 이루 헤아릴 수도 없느니라."

부처님께서 다시 아난에게 말씀하셨다.

"아난이여! 극락세계에 모든 천신과 인간들의 의복과 음식과 꽃, 향과 영락과 비단일산과 깃대, 미묘한 음악과 거처하는 저택, 궁전, 누각에 이르기까지 그 모든 것들은 천신과 인간, 그 각각의 모습과 처지에 따라서 높고 낮음, 크고 작음이 잘 어울리도록 되어 있다. 그것들은 한 가지 보배로 이루어지기도 하고, 두 가지 혹은 헤아릴 수 없이 많은 여러 가지 보배로 이루어지기도 해 그들이 바라는 대로 나타나느니라.

또한 그 곳에는 가지각색의 보배로 수놓은 비단이 땅에 깔려 있다. 그곳을 천신과 인간들이 사뿐히 밟고 거닐며, 수많은 보배그물은 널리 온 불국토를 덮었는데, 그것은 금실과 진주와 백천 가지의 기묘하고 진기한 보배로 장엄하게 꾸며져 있다. 또 사방에는 보배방울이 아름답게 울리니, 그 아름답고 찬란한 풍경은 이루 말로 다할 수 없느니라.

그리고 자연히 따뜻하고 온화한 미풍이 불어오는데, 그 바람은 잘 조화되어 춥지도 덥지도 않고, 서늘하고 따뜻하며, 약하거나 세지도 않느니라.

이런 아늑한 바람이 보배그물과 보배나무에 살랑거리면, 한없이 미묘한 진리의 소리가 아름답게 울리고, 천만 가지의 상냥한 덕이 향기롭게 풍기는데, 이러한 소리를 듣고 향기를 맡으면, 모든 번뇌와 때묻은 버릇들이 저절로 사라지며, 또 그지없이 상쾌한 기운이 일어, 마치 수행자가 일체 번뇌와 모든 분별과 시비를 끊어버리고, 멸진삼매[70]를 얻어 안온한 고요를 즐기는 것과 같으니라.

또한 맑은 바람은 꽃잎을 날리니, 그 꽃잎들이 두루 불국토에 흩날리는데, 꽃잎들은 아름다운 갖가지 빛깔로 찬연한 아름다움을 자랑하고, 그윽한 향기를 뿜어낸다. 꽃잎을 밟으면 땅은 네 치나 들어갔다가 발자국을 떼면 다시 전처럼 올라오며, 꽃잎이 다 지면, 문득 땅이 갈라져 땅 속으로 스며들듯 사라진다. 그래서 꽃잎은 한 송이도 흔적 없으며, 꽃이 피기를 바라면 바람이 홀연 불어 다시 꽃잎이 날리어 오는데, 이와 같은 일을 여섯 차례 밤낮으로 되풀이 하느니라.

아난이여! 또한 극락세계에는 여러 가지 보배로 된 아름다운 연꽃이 온 불국토에 가득 피었는데, 보배로운 꽃 송이마다 백천 억의 꽃잎이 있고, 그 곳에서 발하는 광명은 한량없는 빛깔로 이루어졌노라.

그리고 그 푸른 빛깔에는 푸른 광명이 빛나고, 하얀 빛깔에는 하얀 광명이 빛난다. 이와 같이 검은 빛, 노란 빛, 붉은 빛, 자줏빛 등이 각기의 광명을 발하여 그 찬란함은

---

70. 멸진삼매(滅盡三昧)/ 모든 상대적인 생각을 모조리 없애버리는 선정. 따라서 모든 번뇌를 멸하는 선정임.

저 하늘의 해와 달보다도 더욱 빛나고 밝도다.

그리고 그 꽃송이마다 삼십육 백천억의 헤아릴 수 없는 광명을 발하고, 그 하나하나의 광명 속에는 또한 삼십육 백천억의 부처님이 나투시니, 몸은 자마금색으로 아름답게 빛나고, 그 모습은 뛰어나게 훌륭하시다.

이 부처님들은 각기 헤아릴 수 없는 백천의 광명을 비추시고, 두루 시방세계의 중생을 위해 미묘한 법문을 설하신다. 그런 까닭에 이루 헤아릴 수 없는 많은 중생들은 부처님의 크고도 바른 도리 안에 평안하게 머무느니라."

제5장. 극락왕생의 인행

부처님께서 아난에게 말씀하셨다.

"아난이여! 저 극락세계에 왕생하는 중생들은 반드시 성불할 수 있는 이들로서 결정된 정정취에 머물게 되는데, 그 까닭은 극락세계에는 성불하는데 잘못 결정된 사정취[71]나 아직 성불이 결정되지 않는 부정취[72]는 없기 때문이다.

---

71. 사정취(邪定聚)/ 사람의 성품 정도를 셋으로 나눈 하나로서, 성불할 만한 소질이 없어 더욱 타락하여 가는 근기.
72. 부정취(不定聚)/ 인연이 있으면 성불할 수 있고, 인연이 없으면 헤매는 근기로서, 향상하거나 타락에 결정이 없는 중생. 반드시 성불하는 정정취와 더불어 이 셋을 삼정취라 함.

그래서 항하의 모래알처럼, 무수한 시방세계의 여러 부처님들도 모두 한결같이 무량수불의 위신력과 공덕이 불가사의 하심을 찬탄하느니라.

그런데 누구든지 무량수불의 거룩한 이름을 듣고 기쁜 마음으로 신심을 내 잠시라도 극락세계에 태어나기를 원하는 이는 그 부처님의 원력으로 바로 왕생하여 마음이 다시 물러나지 않는 불퇴전의 자리에 머물게 되느니라.

그러나 오역죄[73]를 범한 자와 정법을 비방한 자는 그럴 수 없느니라."

부처님께서 다시 아난에게 말씀하셨다.

"아난이여! 시방세계의 모든 천신과 인간들이 지극한 마음으로 저 극락세계에 태어나고자 하는 이는 그 근기와 수행에 따라서 상·중·하의 차별, 곧 가장 우수한 무리와 중간 층의 무리, 가장 낮은 수준의 무리 등 세 등급으로 구별이 된다.

그 중 가장 우수한 이들이란, 욕심을 버리고 출가하여, 사문이 되고 보리심을 일으켜 오로지 한결같은 마음으로 무량수불을 생각하며, 여러 가지의 선근공덕을 쌓고, 저 극락세계에 왕생하고자 원을 세우는 이들을 말함이다.

---

73. 오역죄(五逆罪)/ ①부친 살해. ②모친 살해. ③아라한 살해. ④화합의 승가를 파괴. ⑤부처님 몸에 상해.

이러한 사람이 임종할 때에는 무량수불이 여러 대중과 더불어 그의 앞에 나투시노라. 그러면 그는 그 부처님을 따라서 극락세계에 왕생하는데, 바로 칠보연꽃 가운데 자연히 화생하여 다시는 물러나지 않는 불퇴전의 자리에 머문다.

그는 지혜와 용맹을 갖추고 신통력 또한 자재하게 되느니라.

그러므로 아난이여! 이 세상에서 아미타 부처님을 뵈옵고자 하는 사람은 마땅히 위없는 보리심을 내어 많은 공덕을 쌓고 저 극락세계에 태어나기를 간절히 원해야 하느니라. 그리고 중간 수준의 사람들이란 시방세계의 여러 천신들과 인간들 중에서 그들의 정성을 다하여 극락세계에 태어나고자 원을 세운다. 비록 출가하여 사문이 되어서 큰 공덕을 닦지는 못하더라도, 마땅히 위없는 보리심을 내어 오로지 일념으로 아미타 부처님을 생각하며, 가능한 한 착한 일을 행하려고 애쓴다.

또 계율도 받들어 지키며, 탑을 세우고 불상도 조성하고, 스님에게 공양하는 일도 게을리 하지 않는다. 부처님 앞에서 비단 일산을 바치고, 등불을 밝히고 꽃을 뿌려 부처님을 기리고 향을 사른다. 바로 이러한 공덕으로 회향하여, 저 극락세계에 태어나고 원을 세우는 이들을 말하느니라.

이러한 사람이 임종할 때에는 아미타 부처님이 화신하여 그 모습을 나투신다. 그 모습과 광명이 찬란하여 아미타 부처님의 본디 모습처럼 거룩하시며, 여러 대중을 이끌고 이 사람 앞에 나타나시느니라. 그러면 그 사람은 아미타 부처님이 나투신 화신불을 따라서 극락세계에 왕생하여, 물러나지 않는 불퇴전의 자리에 머무르게 되느니라. 그 공덕은 비록 가장 우수한 이들의 경지에는 미치지 못하나, 역시 뛰어난 경지라고 할 수 있느니라.

아난이여! 마지막으로 가장 낮은 수준의 무리에 속하는 이는 시방세계의 여러 천신과 인간들 가운데, 설령 그들이 여러 가지 공덕을 쌓지는 못하더라도 마땅히 위 없는 보리심을 일으키고, 생각을 한결같이 가다듬어, 다만 열 번이라도 아미타 부처님을 생각하고, 그 이름을 외우면서 지극한 마음으로 극락세계에 태어나기를 서원하는 이들을 말함이니라. 그런데 이 사람이 임종할 때에는 꿈결에 아미타 부처님을 뵈옵고, 극락세계에 왕생한다. 이들의 공덕과 지혜는 비록 중간 수준의 무리에 다음가나, 그 역시 아주 크나큰 공덕과 지혜이니라."

부처님께서 다시 아난에게 말씀하셨다.

"아난이여! 아미타 부처님의 위신력은 너무나 뛰어나서 한량이 없으므로, 시방세계의 헤아릴 수 없는 많은 부처님들 중에 아미타 부처님을 찬탄하지 않은 이가 없느니

라. 그리고 동방의 헤아릴 수 없는 많은 보살들도 아미타 부처님이 계신 극락세계에 나아가서 아미타 부처님과 보살들, 여러 성문들을 공경하고 공양하느니라.

그래서 진리의 가르침을 널리 듣고, 모든 중생들을 교화하느니라.

그리고 남방과 서방과 북방과 사유[74]와 상방, 하방의 모든 불국토에 있는 보살들도 또한 그와 같이 공양하고 공경하느니라."

이 때 부처님께서는 무량수불의 공덕을 다시 게송으로 밝히셨다.

동방의 여러 불국토는
항하의 모래알처럼 많은데
그 많은 나라 보살들이
극락에 나아가 아미타 부처님을 뵈옵네.

남방과 서방, 북방과 사유와
상방 하방도 또한 같아서
수많은 불국토의 보살 대중이
극락에 나아가 아미타 부처님을 뵈옵네.

---

74. 사유(四維)/ 동남, 동북, 서남, 서북.

시방세계의 모든 보살들이
아름다운 하늘꽃과 향과 보배
한량없는 하늘 옷으로
아미타 부처님께 공양 올리고

모두들 미묘한 하늘음악으로 찬탄할 때
맑고 평화로운 노래를 불러
가장 높은 부처님을 기리며
아미타 부처님께 공양 올리네.

신통과 지혜를 통달하시어
모든 깊은 법문 다 아시옵고
한량없는 공덕을 두루 갖추시니
미묘하고 밝은 지혜 짝할 이 없네.

이 세상을 비추는 밝은 지혜는
생사의 먹구름을 거두시나니
보살들은 공경하여 세 번을 돌고
위없는 부처님께 예배드리네.

장엄하고 청정한 극락을 보니
그지없이 미묘하고 부사의하여

보는 사람마다 위없는 보리심을 내고
우리 국토 그와 같이 되어지이다.

그 때 아미타 부처님께서
기쁜 얼굴로 웃음 지으시니
입에서 눈부신 광명이 비쳐
시방세계를 두루 비추네.

그 광명으로 몸을 감싸고
세 번을 돌고 정수리로 들어가나니
온 세계 천상 인간 모든 대중들
환희심에 뛰놀며 즐거워하네.

그때 관세음보살 옷깃 여미고
머리를 조아려 말씀 사뢰길
아미타 부처님 무슨 일로 웃으시온지
바라오니 그 뜻을 일러주소서.

우레처럼 우렁찬 맑은 음성은
여덟 가지 미묘한 소리로 울려
이제 보살들께 수기를 주리니
자세히 명심하여 들을지니라.

시방세계에서 모인 보살들
그대들 지닌 소원 내가 아노니
지성으로 장엄한 국토 원하면
반드시 수기 받아 성불하리라.

모든 법은 꿈 같고 허깨비 같아
메아리와 같은 줄을 깨달으라.
미묘한 모든 서원 이루게 되면
이러한 극락세계 이룩하리라.

모든 법이 번개와 그림자 같음을 깨달아
보살도를 끝까지 두루 닦아서
여러 가지 공덕을 모두 갖추면
반드시 수기 받아 부처 되리라.

모든 법의 성품은 본래 공하고
나도 없는 무아임을 깨닫고서
청정한 불국토를 힘써 구하면
반드시 극락정토 성취하리라.

부처님들 보살들께 이르신 말씀
극락세계 아미타 부처님 가서 뵈오라.

법문 듣고 기꺼이 받아 행하면
청정한 극락세계 빨리 얻으리.

청정한 그 나라에 가기만 하면
불현듯 신통 지혜 두루 갖추고
아미타 부처님께 수기를 받아
위없는 깨달음을 성취하리라.

저 부처님 본래에 세우신 원력
그 이름을 듣고서 극락 원하면
누구나 그 자리에 왕생을 하여
저절로 불퇴전에 이르게 되리.

보살들아, 지극한 서원을 세워
자신이 사는 땅 극락처럼 하려고 하면
모든 중생 제도하는 다짐을 하라
그리하면 그 이름 시방세계에
두루 떨치리.

억만의 부처님을 섬길 적에는
두루 모든 세계를 날아다니며
정성껏 기쁨으로 공양 올리고

다시금 극락세계 돌아오리라.

전생에 착한 공덕 못 쌓은 이는
이 경전의 말씀 들을 길 없고
청정한 계행을 지킨 이라야
부처님의 바른 법문 받아 들으리.

일찍이 부처님을 뵈온 사람은
의심없이 이런 일을 믿을 것이니
공경하고 겸손하게 듣고 행하여
환희심에 뛰놀며 기뻐하리라.

교만하고 삿되고 게으른 사람
이 법문을 만나기가 심히 어렵고
지난 세월 부처님을 뵈온 이라야
이러한 가르침을 즐겨 들으리.

성문이나 혹은 보살이라도
부처님의 크신 마음 알 길이 없네.
비유컨대, 날 때부터 눈 먼 사람이
다른 사람 가는 길 인도하려 함과 같도다.

부처님의 거룩하신 지혜 바다는
드넓고 깊어서 끝간데 없으니
성문이나 보살로는 헤아릴 수 없고
오직 홀로 부처님만 밝게 아시네.

가령, 이 세상의 모든 사람이
원만하게 모두 다 도를 이루어
밝은 지혜로 공을 깨닫고
억 겁 동안 부처님 지혜 생각하고서

있는 힘을 기울여 해설을 하고
한평생 다하여도 알지 못하니
부처님의 지혜는 한량이 없어
이렇듯 지극히 청정하니라.

목숨은 오래 살기 어려운 일
부처님 만나 뵙기 더욱 어렵고
믿음과 지혜 갖기 또한 어려워
바른 법 들었을 때 힘써 닦으라.

법문 듣고 능히 잊지 않으며
뵈옵고 공경하면 큰 경사 되니

그는 바로 나의 착한 친구라
그러므로 마땅히 큰 발심하리라.

온 세계에 불길이 가득하여도
반드시 뚫고 나가 불법을 듣고
모두 다 마땅히 부처가 되어
생사에 헤매는 이 구제하여라.

제6장. 극락세계 왕생의 과보

부처님께서 아난에게 다음과 같이 말씀하셨다.

"아난이여! 극락세계의 보살들은 모두 보살의 가장 높은 자리인 일생보처에 이르게 되느니라. 그러나 그 원력에 따라서 중생을 위한 큰 서원의 공덕으로 스스로를 장엄하고, 두루 일체중생을 제도하여 해탈시키고자 하는 중생들은 다음에는 부처가 되는 일생보처에 머물지 않느니라.

아난이여! 극락세계의 모든 성문들은 그 몸에서 비치는 광명이 한 길이며, 보살들의 광명은 일백 유순을 비추느니라. 그런데 그 보살들 가운데 가장 존귀한 두 보살이 있는데, 뛰어나고 불가사의한 광명은 두루 삼천대천세계를 비추느니라."

아난이 부처님께 여쭈었다.

"그 두 보살의 이름은 무엇이라 부르옵니까?"

부처님께서 말씀하셨다.

"한 분은 관세음이라 하고, 또 한 분은 대세지라 하느니라. 이 두 보살은 일찍이 사바세계에서 보살행을 닦다가 수명이 다하자 홀연히 몸을 바꾸어, 저 극락세계에 태어났느니라.

아난이여! 누구든지 극락세계에 태어나는 중생들은 모두 32호상을 갖춘다. 그리고 지혜가 충만하며, 모든 법의 이치를 깊이 깨달아 묘법을 밝히고 신통이 자재하다.

또 눈, 코, 입 등 육근이 모두 청정하고 밝으니라. 그리고 그 중에서 가장 둔한 사람이라도 법문을 듣고 깨달은 음향인과 진리에 따르는 유순인의 두 가지 인을 얻고, 근기가 뛰어난 사람은 본래 생멸이 없는 실상을 깨닫는 무생법인을 얻느니라. 또한 저 극락세계의 보살들은 성불할 때까지 아귀·축생·지옥의 악도에 떨어지지 않고 신통이 자재하여 과거의 일까지 아는 숙명통을 얻느니라.

그러나 자신의 서원이 온갖 악으로 혼탁한 오탁악세의 중생들을 제도하겠다고 마음먹은 이는 마치 내가 일부러 사바세계에 태어난 듯, 마음대로 다른 국토에 태어나기도 하느니라.

아난이여! 극락세계의 보살들은 아미타 부처님의 위신력으로 한 식경 동안에 시방세계의 헤아릴 수 없는 많은 국토를 돌아다니면서 여러 부처님들을 공경하고 공양하느니라. 그런데 마음으로 생각만 하면, 바로 꽃과 향과 음악, 일산과 깃발 등 모든 공양거리가 저절로 나타나는데, 이 세상에서는 볼 수 없는 진기하고 미묘한 보물들이니라. 보살들은 그런 귀중한 공양거리로 여러 부처님과 보살과 성문 대중에게 받들어 뿌리면 그 공양거리는 이내 허공 중에서 아름다운 꽃일산으로 변한다. 그 광명은 찬란하게 빛나고, 향기는 한없이 세계를 퍼져 나가느니라. 그런데 그 꽃일산은 둘레가 4백 리나 되는 것으로부터 삼천대천세계를 뒤덮는 것까지 있다. 그것들을 공양하는 일이 끝나면 나타난 차례대로 자연히 사라져 가느니라.

그 때 모든 보살들은 한없이 기뻐하며, 다함께 미묘한 하늘의 음악을 연주하고 아름다운 음성으로 부처님의 공덕을 찬탄한다. 그리고 법문을 듣고는 기뻐해 마지 않느니라. 이렇듯 공양을 올리고 나서 보살들은 미처 한 식경이 지나기도 전에, 홀연히 가볍게 날아서 극락세계로 돌아오느니라.”

부처님께서 다시 아난에게 말씀하셨다.

“아난이여! 아미타 부처님께서 여러 성문과 보살들을 위하여 법문을 하실 때에는 모두 다 칠보로 된 강당에 모이게 하여 성불하는 법에 대해 자세히 말씀하신다. 그리고는 더 없이 미묘한 진리를 밝히시느니라. 이 법문을 듣는 대중들은 누구나 환희에 넘치며, 마음이 열리고 진리를 깨닫지 않는 이가 없느니라.

이 때 사방에서 자연히 미풍이 불어 와서 보배 나무를 스치면 다섯 가지의 아름다운 음악이 울려 퍼지고, 헤아릴 수 없는 천사의 꽃들이 바람에 흩날려 비 오듯이 떨어지며 춤을 추느니라.

이처럼 자연의 공양 또한 끊임이 없는데, 모든 천신들도 백천 가지의 꽃과 향과 천만 가지의 음악으로 아미타불과 여러 성문과 보살들을 공양한다. 또 꽃과 향을 뿌리면서 갖가지 음악을 연주해 서로 앞뒤를 연달아 오가니, 이 때 모든 대중들의 즐거움은 말로는 다할 수 없느니라.

아난이여! 극락세계에 태어난 보살들이 법을 설할 때에는 언제나 바른 진리만을 말하고 부처님의 지혜만을 따라 그릇됨이 없고 모자람도 없느니라.

그리고 그 불국토에 있는 물건들에 대해선 내 것이라는 욕심이 없어 집착하는 마음 또한 없다. 그래서 가고 오고, 머무름에 있어서도 마음에 걸림이 없고, 자신이 마음먹은 대로 자유로우니라. 또한 친하고 스스러운 마음이 없고, 너와 나의 차별심이 없으니 서로를 시새움하고 다투는 마음도 없다. 다만 모든 중생들을 사랑하는 큰 자비심만 가득하니 매양 상냥하고 부드러울 뿐 분하고 한스러운 마음이 없느니라.

그래서 모든 마음의 번뇌를 여의고 청정하여 중생제도를 함에 조금도 싫어하거나 게으름이 없다. 또한 보살에게는 평등하고 고결한 마음과 깊은 자비심과 평온한 마음으로 오직 진리만을 사랑하는 기쁘고 즐거운 환희심뿐인 즉, 모든 번뇌를 없애고, 지옥·아귀·축생 등 삼악도의 마음을 멀리 여의었느니라.

그리고 보살들은 모든 보살행을 닦아서 한량없는 공덕을 성취하였느니라. 그들은 깊은 선정과 바른 지혜의 힘으로 마음의 작용과 몸의 움직임이 자유자재한 삼명[75]과 육신통을 얻고, 마음은 언제나 진실과 거짓을 가려 닦는 칠각지[76]에 머물러 오직 불법을 닦는데 전념하느니라.

그래서 보살들은 오안[77]을 원만히 갖추고 있는데, 형상을 보는 육안은 맑고 밝아서 모든 사물을 분명하게 알아볼 수 있다. 또 천안에 통달하여 시방세계와 과거·현재·미래의 삼세 등 무한한 시간과 공간을 꿰뚫어 보는데 걸림이 없으며, 법안을 통달하여 일체 만유의 차별상을 관

---

75. 삼명(三明)/ 아라한의 지혜에 갖추어져 있는 자재하고 묘한 작용. ①숙명명: 자신과 남의 지난 생을 아는 능력. ②천안명: 자신과 남의 다음 세상일을 알고 공간에 걸림없이 모두를 볼 수 있는 능력. ③누진명: 현재의 고통을 알아서 번뇌를 끊는 지혜.
76. 칠각지(七覺支)/ 불도를 수행하는데 지혜로써 참되고 거짓된 것. 선하고 악한 것을 살펴서 아는 일곱 가지.
77. 오안(五眼)/ 육안, 천안, 법안, 혜안, 불안.

찰하며 가지가지의 가르침을 밝힌다. 혜안에 통달하여 심오한 진리를 깨닫고, 능히 영생의 피안에 이르며, 또한 위에서 말한 네 가지의 안목을 원만히 갖춘 불안으로 일체 만법의 근본 실상을 확연히 깨달으노라.

그리고 보살들은 걸림 없는 지혜로 중생을 위하여 연설하며, 욕계·색계·무색계의 삼계가 본래 공하다는 사실을 알아 집착하고 취할 바가 없음을 보고, 오로지 불법만을 받들어 행하고 모든 변재를 갖추어 중생의 번뇌로 인한 병을 거두어 주시느니라.

보살은 본래 진여[78]에서 태어났기 때문에 모든 법이 진여와 같이, 생겨나거나 멸하지 않고, 여여[79]함을 깨달았으나, 중생을 구제하기 위해 고·집·멸·도의 사제 등으로 능히 삿되고 나쁜 모든 괴로움을 없애는 가르침을 베푸셨다.

또 세속의 속된 말을 즐기지 않고, 항상 정법의 진리만을 즐겨 말하느니라.

그리고 그 보살들의 대자대비는 모든 중생을 다 감싸고 거두지 않음이 없으며, 마침내 모든 중생이 성불하는 일승법[80]을 밝히고 일체 중생을 영생의 피안으로 인도하

---

78. 진여(眞如)/ 대승불교 이상개념의 하나. 우주만유에 보편한 상주불변의 본체. 진여의 다른 이름으로는 법계, 법성, 여래장, 중도, 제1의제 등이 있음.
79. 여여(如如)/ 여(如)는 진여로서, 깨달은 안목으로 보면, 일체만유가 진여란 뜻에서 이 말을 씀.

느니라. 이렇듯 보살들은 이미 의혹의 그물을 끊었으니 지혜는 저절로 마음에서 우러나 부처님의 가르침을 온전히 갖추어 남음이 없느니라.

또한 보살들의 지혜는 한량이 없어 바다와 같고, 삼매는 수미산처럼 높고 고요하여 흔들리지 않는다. 또 저 하늘의 해와 달보다 더 밝은 지혜 광명은 청정하고 결백한 불법을 원만히 갖추었느니라.

그래서 보살들의 고결한 마음은 하얀 눈으로 덮인 설산과 같아서 모든 공덕을 평등하게 갖추니 치우침이 없다. 또한 대지와도 같아서 정결하거나 더럽다. 좋고 궂다는 차별심이 없으며, 또한 모든 번뇌의 때를 말끔히 씻어내는 청정한 물과도 같다. 마치 타오르는 불길처럼 일체의 번뇌의 숲을 태워 없애며, 폭풍과 같이 모든 장애를 무너뜨리며, 허공처럼 일체의 모든 것에 대해 집착하지 않는다. 또 진흙 속에서 피어나는 연꽃처럼 세속에 머물러 있어도 더러워지지 않느니라. 그리고 또한 보살들의 마음은 마치 큰 수레와 같아서 모든 중생들을 태우고 생사의 뜨거운 바다를 빠져나오게 하느니라.

우렁찬 불법의 뇌성으로 중생들을 깨우침은 짙은 구름

---

80. 일승법(一乘法)/ 모든 것이 다 부처가 된다는 법문. 일불승(一佛乘)이라고도 함.

같고, 감로수와 같은 법문으로 중생들의 마음을 기쁘게 하는 것은 메마른 땅을 적시는 단비와도 같으니라.

또, 마군의 무리와 외도들의 핍박에도 흔들림이 없음은 굳건한 금강산 같고, 저 높은 범천왕과 같아 모든 착한 일에는 언제나 으뜸이 되느니라. 또한 가장 높이 가지를 드리워 다른 나무들을 뒤덮는 니구류 나무처럼 일체의 중생들을 감싸는 자비의 그늘이 되나니, 참으로 이러한 보살들은 3천년 만에 한번 피는 우담바라꽃과도 같이 드물고 귀해 만나보기 어려우니라.

또한 보살들은 새들의 왕인 금시조[81]와 같아서 위신력으로 항상 외도들에게 항복받는다. 또 마음이 담백하여, 모아 두거나 쌓아 두지 않고, 욕심이 없는 것은 떼지어 날아다니는 새와 같다. 또 황소처럼 용맹하게 모든 번뇌를 떨쳐 이기고, 거대한 코끼리처럼 삿된 무리들에게 항복을 받으며 용맹무쌍한 사자처럼 세상의 모든 것에 두려움이 없다. 저 광대무변한 허공처럼, 넓고 평등한 대자대비로 모든 중생을 제도하느니라.

아난이여! 보살들은 또한 질투심을 모조리 끊어 버렸기 때문에 남을 이기려 하거나, 시새움하지 않고 오직 불

---

81. 금시조/ 가루라라고 하는 팔부중의 하나. 용을 잡아 먹고 산다는 새의 왕. 독수리 모양을 한 상상의 새.

법만을 즐겨 닦아서 따로이 좋고 싫은 일이 없다. 항상 중생을 위하여 널리 설법하고, 피로하거나 게으른 마음은 아예 없느니라. 지혜의 광명으로 비추어 중생들의 어리석음을 없애느니라. 또 언제나 육화경[82]을 닦아서 모든 중생과 화합하며, 언제나 진리를 베푸는 법시[83]를 행함에 있어, 더욱 굳세게 정진하여 한 치도 물러서지 않는다.

또한 보살들은 세상의 등불이 되어 가장 뛰어난 복 밭이 되고, 항상 중생들을 평등하게 인도하는 스승이 되어, 사랑하고 미워하는 차별이 없다. 그래서 오직 바른 진리만을 즐기고, 다른 기쁨과 시름이 없느니라. 또한 모든 중생의 날카로운 탐욕을 거두어 그들의 마음을 편안하게 하는 이 모든 보살의 공덕은 존경하지 않을 수가 없다.

그리고 보살들은 탐욕과 성냄, 어리석음, 이런 삼독의 장애를 없애고, 온갖 신통을 갖추고, 모든 인연의 힘과 의지의 힘과 서원, 또는 방편의 힘과 끝내 변하지 않는 힘, 선의 힘, 선정의 힘, 지혜의 힘, 많은 지식의 힘과 보살이 수행하는 육바라밀의 힘, 바르게 생각하고 바르게 관찰하는 힘과 삼명, 육통의 힘과 모든 중생들을 다스려 조복

---

82. 육화경(六和敬)/ 깨달음을 구해 깨끗한 행을 닦는 자가 서로 사이좋게 공경하며 지내는 여섯 가지 행위. ①신업동(身業同) ②구업동(口業同) ③의업동(意業同) ④동계(同戒) ⑤동시(同施) ⑥동견(同見).
83. 법시(法施)/ 법문을 말해 베푸는 것.

을 받는 힘 등 이루 헤아릴 수 없는 위신력을 모두 갖추어 자재롭게 중생을 제도하느니라.

그래서 극락세계의 보살들은 그 모습과 공덕과 변재를 두루 원만하게 갖추어, 어느 누구와도 감히 비교할 수 없다. 이 보살들은 헤아릴 수 없는 모든 부처님을 공경하고 공양하며, 또한 항상 모든 부처님들께서도 보살들을 높이 칭찬하시느니라.

그리고 보살들은 성불하는 모든 바라밀을 끝까지 밝히고, 공·무상·무원삼매[84]와 불생불멸의 모든 삼매를 닦아서 성문과 연각 등 소승의 경계를 멀리 여의었느니라.

아난이여! 저 극락세계의 보살들은 이와 같이 한량없는 공덕을 성취하였느니라. 나는 지금 그대를 위하여, 그 대강만을 간략히 말했을 뿐이다.

만약 그 공덕을 자세히 말한다면 백천만억의 오랜 세월을 두고도 다할 수 없느니라."

---

84. 공·무상·무원삼매(空·無相·無願三昧)/ 삼삼매(三三昧)라고도 함. 인연따라 이루어진 일체만법은 그 실체가 없다는 것이 공삼매(空三昧), 실체가 없으므로 모양도 없다고 관조함이 무상삼매(無相三昧), 실체도 모양도 없으므로, 나의 주관도 바랄 것도 없다고 관조함이 무원삼매(無願三昧).

제7장. 부처님의 권유와 경계

부처님께서 미륵보살과 천신과 인간 등 여러 대중에게 말씀하셨다.

"극락세계의 성문과 보살들의 공덕과 지혜는 이루 다 말할 수 없으며 또한 극락세계는 한량없이 미묘하고 안락하며, 청정하고 장엄하다. 그 모든 것은 지금까지 말한 바와 같으니라. 그러니 어찌하여 중생들은 힘써 선을 닦고 이 크나큰 대도를 따라 높고 낮음과 귀하고 천함의 구별이 없이 평등하고 자유로운 보람을 구하지 않을소냐? 모름지기 모든 중생들은 각자 부지런히 노력하고 정진하여 극락세계에 왕생하는 공덕을 닦을지니라. 그러면 반드시 생사의 험난한 바다를 뛰어넘어 극락세계에 왕생할 수 있다. 지옥과 아귀와 축생, 수라와 인간 등 오악취의 인연을 여의고 공덕이 한량없는 성불의 길에 오르게 되느니라.

참으로 극락세계에 가는 길이 쉽건만, 가는 사람은 없구나!

저 아미타불의 정토인 극락세계는 어느 누구의 방해도 받지 않으며, 아미타 부처님의 원력을 의심 없이 믿기만 하면 자연히 극락세계에 왕생하는 도다.

그런데 어찌하여 세상일을 뒤로 미루고, 부지런히 수행하여 성불의 공덕을 구하지 않을 것인가. 극락세계에 태어나면 영원불멸의 한량없는 수명을 얻고, 즐거움을 누리기 한이 없느니라.

그러나 세상 사람들은 마음이 저속하여 한시 바삐 닦아야 할 깨달음의 길은 뒤로 미루고, 하잘 것 없는 세상사에만 골몰하여 서로 다투느니라.

그들은 세상의 모진 죄악과 심난한 고통 속에서, 오로지 자신만을 위한 생활에 허덕이고 있느니라. 그래서 그 신분이 귀하거나 천하거나, 가난하거나 부자이거나 남녀노소를 막론하고, 모두 한결같이 재물에만 눈이 어두워 애를 쓰고 있다. 그 정경은 돈이 많은 이나 없는 이나 시름겹기는 마찬가지니라. 그리하여 항상 서둘고, 걱정하고 괴로워하며, 얽히고설킨 욕심과 근심으로 항상 허둥거리며 쫓기는 듯하니, 한시도 마음이 편할 사이가 없느니라.

그래서 논밭이 있는 이는 논밭 때문에 걱정하고, 집이 있는 이는 집 때문에 걱정하고, 소나 말, 가축이나 노비, 돈, 옷, 음식 등 세간 살림에 이르기까지 여러 가지 재산을 가진 사람은 그로 인해 걱정과 근심을 거듭하여 시름과 두려움이 끊이지 않는다.

그러다가 뜻밖에 홍수나 화재를 만나 물에 떠내려 보내고 불에 태우기도 하고, 도적이나 원한이 있는 이를 만나거나 빚쟁이에게 빼앗기기도 한다. 그렇게 재물이 흩어지고 없어지면 괴롭고 분한 마음과 답답함에서 풀려날 길

없고, 졸아들고 닫힌 마음 또한 헤어날 길이 없느니라.

그래서 몸과 마음이 멍들고 허물어져 목숨이 다하면 모든 것을 버리고 떠나지 않을 수 없건만, 그 모든 것 어느 하나도 저승길에 따라가는 것이 없음이라. 이러한 서글픔은 존귀한 사람이나 부자에게도 마찬가지로 찾아든다. 이 같은 갖가지 근심과 두려움과 애타는 괴로움은 끝이 없으니, 마치 어두운 불길 속의 괴로움 같으니라. 그런데 가난하고 천한 사람은 항상 궁색하고 불만스런 마음이 가득하니 논밭이 없으면 논밭을 가지려고 애를 쓰고, 집이 없으면 집을 가지려고 애를 쓰고, 소나 말 등의 가축, 종이나 돈, 옷, 음식 등의 재산이 없으면 이를 가지려고 애쓰고 안달하며 괴로움에 빠지느니라.

그래서 한 가지가 있으면 다른 하나가 부족하고, 이것이 있으면 저것이 없어 항상 이것저것을 다 가지려고 애를 쓰다가, 어쩌다 그 모든 것을 다 가졌다 하더라도 오래 지니지 못하니, 어느 결에 없어지고 마느니라.

그래서 근심하고 괴로워하며, 다시금 구하려고 찾아 헤매이나 얻을 수 없으면 부질없이 마음만 태우고, 몸도 마음도 지치고 피곤하여 안절부절 못하느니라.

그래서 항상 근심과 괴로움이 끊이지 않고 마치 얼음을 안고 불을 품고 있는 것 같으니라. 그리고 그런 괴로움과 근심 때문에 몸이 상하고 목숨을 잃기도 하나니, 평소에 진리를 닦거나 공덕을 쌓지도 못한 채 목숨을 다하고 허무하게 홀로 돌아가게 되느니라. 그래서 악업에 이끌려 악도에 태어날 수밖에 없지만, 그 선악의 길마저도 알지 못하고 가느니라.

그러니 세상 사람들이여, 그대들은 부모와 자식 간에, 형제 간에, 부부와 가족, 일가친척 간에 서로 공경하고 사랑하며, 결코 미워하고 시새움하지 말라. 있고 없는 것을 서로 따져 탐내거나 인색하게 굴지 말며, 항상 상냥한 말과 부드럽고 화평한 얼굴로 상대하여 아예 다투지 말아야 하느니라.

혹시 다투어 분한 마음을 품게 되면, 비록 그리 큰 원한이 아니라 할지라도 그 쌓이고 미워하는 마음으로 인해 다음 세상에서는 큰 원수가 되고 마느니라. 어찌하여 그런가 하면, 이 세상의 일이란 서로를 미워하고 괴롭혀도 그게 바로 드러나 크게 벌어지지는 않지만, 서로 마음 속으로 독을 품고 노여움를 쌓고, 분함을 맺어서 풀지 않으면 자연히 마음 속 깊이 새겨지는 법이다.

그 마음이 자라서 사라지지 않는 것이니, 그래서 필경에는 다 같이 한 세상에 태어나서 서로 앙갚음을 하느니라.

인간은 이 세상 애욕의 바다에서 홀로 태어나 홀로 죽어가는 것이다. 즐겁고 괴로운 어떤 곳에서도 자기가 지은 선악의 행위에 대한 과보는 스스로 받고 스스로 감당

하는 것이니, 그 누구도 대신할 수 없느니라. 그래서 착한 일을 행한 사람은 몸을 바꿀 때 행복한 처소에 태어나고, 악한 일을 한 사람은 재앙이 끊이지 않는 곳으로 각각 달리 태어나 이미 자신의 업에 따라 정해진 곳으로 어김없이 나아가야 하느니라.

그래서 멀리 떨어진 다른 곳에 태어나게 되면, 이승에서 아무리 절친했던 사이라도 서로 만나 볼 수 없다. 이처럼 금생에 지은 선악의 행위와 내세에서 받는 즐거움과 괴로움의 과보는 변함없는 자연의 도리이다.

각각 자신이 행한 소행에 따라 태어날 뿐이다. 그리하여 가는 길은 멀고 어두워 서로 오랜 이별을 하지 않을 수 없고, 또 가는 길이 서로 다르기에 다시 만날 기약 없으니 서글프고 아득하여 다시금 만나기는 참으로 어려운 일이 아닐 수 없느니라.

그런데도 세상 사람들은 어찌하여 덧없고 너절한 세상일을 뒤로 미루지 않는가? 젊고 건강할 때 힘을 다해 선을 닦고, 더욱 정진하여 생사의 고해를 벗어나려 하지 않는가?

어찌하여 영원한 생명을 얻을 수 있는 진리의 대도를 구하려 하지 않는가? 도대체 이 세상에서 무엇을 기대하고 그 어떠한 즐거움을 바라고 있는 것인가?

이처럼 세상 사람들은 선을 행해 편안함과 즐거움을

얻고, 진리를 닦아 깨달음을 이루는 도리를 믿지 않고, 사람이 죽으면 다시 태어난다는 것, 은혜를 베풀면 반드시 복을 받는다는 선악으로 인한 인과의 엄연한 사실을 믿지 않는다. 그리고는 세상 일이란 그렇지가 않다고 그릇된 생각을 하고, 끝내 바른 가르침을 믿으려 하지 않느니라.

그리고 이러한 그릇된 생각에 의지하여 더욱 이것을 옳다고 고집하고 우기는데 늙은이나 젊은이나 다 마찬가지니라. 그래서 인과의 도리를 부정하는 그릇된 생각을 대대로 이어받고 부모는 자식에게 그 생각을 오히려 가르치려 드느니라. 따라서 선배나 조상들도 아예 선을 닦지 않고 도덕을 모르기 때문에 깨달을 기회가 없다. 그래서 그 행동은 어리석고 정신이 더욱 어두워서 마음은 막히고 옹졸하게 되느니라. 그러기에 죽고 사는 생사의 이치와 선악, 인과의 도리를 알지 못하고, 또한 그에게 말하여 들려줄 이도 없느니라. 그러나 정녕 인간의 길흉화복은 인과의 도리에 의하여 어김없이 스스로 받는 것이니, 여기에서 조금도 벗어날 수가 없느니라.

인간의 죽고 사는 생사의 법칙은 언제나 변함없는 떳떳한 도리로서 영원히 이어지고 있느니라. 그래서 부모는 자식을 잃고 슬퍼하고, 자식은 부모가 세상을 떠나 통곡하며, 형제간이나 부부 간에도 서로 죽음을 당하면 애통하지 않을 수 없느니라. 그런데 죽음은 늙고 젊은 차례를 예측할 수 없으니, 그것이 바로 무상한 인생의 실상이니라.

모든 것은 다 지나가고 마는 것, 항상 변하지 않고 그대로 있는 것은 아무것도 없느니라. 그런데 이러한 무상의 도리를 말하여 깨우치려 하나 이를 믿는 이는 너무나 적어 그러기에 생사는 돌고 돌아 잠시도 그칠 사이가 없느니라.

또한 이러한 사람은 마음이 어리석고 어두워 반항적이기 때문에 성인의 말씀을 믿지 않고, 멀리 앞을 내다보는 슬기도 없다. 다만 각자의 쾌락에만 탐닉하여 마지 않느니라. 그래서 애욕에 끄달려 도덕을 깨닫지 못하고, 항상 미움과 분노에 잠겨 마치 이리와도 같이 오로지 처자 권속과 재물만을 아끼고 탐낼 뿐이니라. 그러기에 생사를 여의는 대도를 얻지 못하고, 마침내 지옥이나 아귀 축생의 삼악도에 떨어져서 생사윤회가 끝이 없이 이어지니, 참으로 가련하고 불쌍하기 그지없느니라.

세상살이란 어떤 때는 한 가족 중에 부모나 자식, 형제나 부부 간에도 누군가 먼저 죽는 사람이 있으면, 살아남은 사람은 못내 슬퍼하고 잊지 못하고 애닲아 하느니라. 그래서 그 은혜와 사랑으로 마음이 얽매여 쓰라리고 그리운 심정은 가슴에 사무쳐 날이 가고 달이 바뀌어도 맺힌 마음은 풀릴 길이 없느니라. 그러기에 참된 도리를 말해 일러 주어도 그들의 마음은 열리지 않고, 먼저 가버린 사람과의 정리만을 생각하면서 마음은 혼미하고 답답하여, 더욱 어리석은 미망에 사로잡히게 되느니라. 그래서 깊이 생각하여 헤아릴 아량이 없고, 마음을 돌이켜 오로지 불도에만 정진할 결단이 생기지 않는다. 그래서 끝내 덧없고 너절한 세상일을 단념하지 못하느니라. 그리하여 한 세상 허둥지둥 헤매다가 죽음에 이르게 되나니, 이미 목숨이 다하면 진리의 길은 닦을 수도 없고 얻을 수도 없으니, 참으로 어찌 할 도리가 없느니라.

세상은 온통 혼탁하여 인심은 어리석고 어지러워 모두가 다 애욕만을 탐하고 있느니라. 인생의 길을 헤매는 사람은 수없이 많고, 진리를 깨달은 이는 지극히 드물다. 그러니 세상일이란 부질없이 바쁘고 어지럽기만 해, 서로 믿고 의지할 아무 것이 없느니라. 그리고 가난한 이나 부자, 지위가 높고 귀한 사람이나 천한 사람, 어른, 아이 할 것 없이 다 마찬가지로 애쓰고 싸워대며 그러다가 서로 이해가 맞지 않으면 원수같이 미워하는데, 그 사납고 표독한 마음은 마침내 불행한 재앙을 일으키게 되느니라.

이렇듯 천지의 바른 도리를 거스르고 인간의 참다운 본심을 따르지 않으니, 그릇된 악업은 저절로 앞뒤를 다투어 거듭되고 그것이 쌓여 그 죄업의 결과만을 기다릴 뿐 다른 도리가 없느니라. 그래서 미처 그 수명이 다하기도 전에 죄업의 힘은 별안간 그의 목숨을 빼앗아 그를 악도

에 떨어뜨리고 마는 것이니 몇 생을 거듭하여 모진 괴로움
을 겪을 수 밖에 없느니라. 그리고 그 사나운 악도 가운데
서 돌고 돌며 몇 천만 겁의 오랜 세월이 지나도 헤어나올
기약은 없고, 그 고통은 이루 헤아릴 수 없으니, 참으로
가련하고 불쌍한 일이 아닐 수 없도다."

제8장. 미륵보살과 여러 대중에게 권유

　부처님께서 다시 미륵보살과 천신들, 그리고 여러 대중
들을 향해 말씀하셨다.
　"나는 지금까지 그대들에게 어지러운 세상일에 대해
말하였다. 세상 사람들은 그러한 부질없는 세상의 번뇌
에 얽매여 살기 때문에 깨달음의 길을 닦지 못하게 되느
니라. 그러니 마땅히 깊이 생각하고 잘 살펴서 모든 악업
을 멀리 여의고, 옳고 착한 일을 행하려는 노력을 아끼지
말아야 하느니라. 그런데 인간의 애욕과 영화는 아침이슬
과 같아서 오래 머무르지 않고 모두 덧없이 흩어지고 마
는 것이다. 그러기에 세속 일에는 참다운 즐거움이 있을
수 없느니라. 그러니 다행히 부처님의 법을 만났다면 마땅
히 부지런히 정진해야 하느니라. 그리고 정성을 다하여 극
락세계에 태어나고자 서원을 세우는 이는 그 지혜가 밝게
비치고, 그 공덕 또한 한량이 없을 것이다. 모름지기 욕심

나는 대로 행하지 말고, 부처님의 가르침을 거스르지 말며, 올바른 일은 남보다 앞장서서 하도록 하라. 그리고 만약 의심나거나 불법을 잘 모르는 사람은 망설이지 말고 내게 물을지니, 내 그대들을 위해 자세히 말하리라."

그 때 미륵보살이 무릎을 꿇고 공손히 예배하고 나서 부처님께 사뢰었다.

"부처님이시여! 부처님의 위신력은 고귀하시고, 법문은 참으로 거룩하시니 충심으로 감사할 뿐입니다. 부처님의 가르침을 듣고 깊이 생각할 때, 세상 사람들은 참으로 천박하기 짝이 없습니다. 과연 부처님의 말씀과 조금도 다른 바가 없나이다. 이제 부처님께서 자비하신 마음으로 깨달음의 대도를 밝혀 주시니, 저희는 눈과 귀가 뚫리고 헤매는 마음이 환히 열려 영원한 구제를 얻게 되었습니다. 부처님의 거룩하신 가르침을 듣고, 어찌 기뻐하지 않을 수가 있겠습니까? 그리고 많은 천신이나 인간, 미물이나 곤충에 이르기까지도 부처님의 자비로 은혜를 입고 근심과 괴로움에서 벗어날 수 있게 되었습니다.

참으로 부처님의 가르침은 한없이 깊고, 위없이 높으십니다. 지혜의 광명은 한량없이 밝으시니 시방삼세의 모든 일을 두루 살피시고 추호도 막힘이 없으십니다. 이제 저희들이 제도를 받게 된 것은 오로지 부처님께서 과거 전생에 진리를 구하시기 위해 항상 겸손하시고 온갖 어려움과 고

행을 다하신 덕입니다.

그 은혜는 천지를 다 덮고도 남음이 있고, 그 복과 덕은 태산보다도 더 높습니다. 그리고 부처님의 광명은 온 세계를 두루 비추시고, 일체만법이 공한 이치를 살펴 보시어 중생으로 하여금 영생의 열반에 들게 하십니다. 부처님께서는 때로는 경전으로 가르치시고 때로는 위엄으로 항복을 받아 교화하시는 등 그 은덕은 두루 시방세계를 감동케 하나이다.

참으로 부처님께서는 진리의 왕이시고, 모든 성인보다 뛰어나게 높으십니다. 모든 천신과 인간들의 스승이 되시고, 중생들의 근기에 따라 그들 모두가 다 진리를 깨닫게끔 하십니다. 저희들은 이제 부처님을 만나 뵈었을 뿐만 아니라, 아미타 부처님과 극락세계에 대한 말씀까지 들었으니, 어찌 기뻐하지 않을 수 있습니까? 저희들은 참으로 부처님의 은혜로 마음이 열리고 광명을 얻었습니다."

부처님께서 미륵보살에게 말씀하셨다.

"그대가 말한 것은 모두 다 옳다. 누구든지 부처님을 믿고 따르고 공경하면, 참되고 큰 공덕이 된다. 천상천하를 통하여, 오랜 세월을 두고 여래가 모습을 나투는 것은 지극히 드문 일인데, 지금 나투어 있기 때문이다.

나는 이 세상에서 깨달음을 이루고 불법을 펼쳐 온갖 의혹의 그물을 끊고 애욕의 뿌리를 뽑아서 모든 죄악의 근본을 막았다. 그래서 욕계·색계·무색계의 삼계중생을 제도하는 데 걸림이 없느니라.

그리고 내가 이 경전에서 말하는 법문은 모든 진리의 정수로, 가장 요긴한 지혜를 가지고 있으며, 자세할 뿐만 아니라 분명한 가르침이다.

내 이제 이 법문을 지옥·아귀·축생·인간·천상 등 오취의 중생들에게 베풀어, 아직도 깨달음을 얻지 못한 이들을 제도하여 생사의 고해를 여의고, 영생의 열반으로 인도하고자 하느니라.

미륵이여, 잘 알아 두어라. 그대는 헤아릴 수 없는 과거로부터 보살행을 닦아서 중생을 제도하고자 힘써 왔느니라. 그래서 그대의 가르침에 따라 진리를 깨닫고, 영생에 이른 사람 또한 헤아릴 수 없이 많으니라.

그러나 그런데도, 그대를 비롯하여 시방세계의 모든 천신과 인간, 여러 중생들이 영겁에서 지금에 이르기까지 한량없는 세월을 두고, 지옥·아귀·축생·인간·천상 등 오악도를 굴러다니며 두려워하고 고생함을 이루 말할 수 없느니라. 또한 그 덧없는 생사의 흐름은 지금까지도 계속되고 있느니라.

그런데 이제 그대들은 부처님을 만나서 생사를 벗어나는 법문을 듣고, 또한 아미타 부처님의 한량없는 공덕을 알게 되었으니, 어찌 통쾌하고 다행한 일이 아니랴?

나는 지금 그대들의 기쁨과 행복을 돕고자 하느니라. 그러니 그대들은 이제 한결같은 마음으로 절실하게 생로병사의 괴로움에서 벗어나고 애를 써야 하느니라. 이 세상에는 언제나 죄악이 넘치고 부정하여 진정한 즐거움은 없는 법이다. 그러니 항상 몸을 단정히 하고 마음을 바르게 하여 더욱더 많은 선행을 쌓도록 하라. 그래서 계율을 청정하게 지키고, 마음의 때를 없애며, 말과 행동이 어긋나지 않게 성실하라. 자신만을 제도하기에 그치지 않고, 남도 구제하며, 언제나 맑은 정신으로 반드시 깨달음을 구해 성불하겠다는 서원을 굳게 세워 많은 공덕을 쌓도록 하라. 한평생 수행하고 애쓰는 고생은 어느덧 지나가고 마는 것, 그러나 후세에는 아미타 부처님의 극락세계에 태어나 누리는 안온한 즐거움은 한이 없다. 공덕과 지혜는 더욱 쌓이고 밝아져서 영원히 생사의 뿌리를 뽑고, 아예 탐욕과 분노와 어리석은 번뇌는 있을 수 없느니라.

　그리고 그 수명은 한 겁이든 백 겁이든 아니면 천만 겁이라도 마음대로 누릴 수가 있느니라. 또한 극락의 세계는 모든 것이 진리에 따라 자연스레 이루어진 실상의 세계라 영원히 안락한 열반의 경지와 같으니라. 그러니 그대들은 모름지기 각기 정진을 거듭하여 극락세계에 태어나는 서원을 실천하도록 하라.

　부질없는 의혹을 일으켜, 가다가 그만두면 그것이 허물

이 되어 저 극락의 변두리에 있는 칠보 궁전에 태어나, 5백년 동안이나 삼보를 만나 귀의하지 못하고 지옥에 떨어져 여러 가지 재난을 겪어야 하느니라."

미륵보살은 부처님의 말씀을 듣고 여쭈었다.

"부처님의 간곡하신 가르침을 받자오니, 오로지 정성을 다하여 불도를 닦고, 부처님의 가르침대로 받들어 행하고 추호도 의심하지 않겠습니다."

부처님께서 다시 미륵보살에게 말씀하셨다.

"그대들이 이 세상에서 몸과 마음을 바르게 하고 악한 일을 범하지 않으면 참으로 훌륭한 공덕이 아닐 수 없느니라. 그리고 그것은 시방세계의 그 무엇에도 비교할 수 없는 뛰어난 일이다. 왜 그런가 하면 모든 국토의 천신과 인간들이 스스로 선을 행하고 악을 짓지 않으면 그들을 교화하기란 참으로 쉬운 일이기 때문이다. 이제 내가 이 세상에서 부처님이 되어, 다섯 가지 죄악인 살생, 도둑질, 음행, 망어, 음주 등의 오악과, 그 오악으로 말미암은 현재의 다섯 가지 고통인 오통, 미래에 받을 다섯 가지 죄보인 오소[85]의 소용돌이 속에서 지내는 일은 참으로 괴로운 일이 아닐 수 없느니라.

그래서 중생들을 교화하여 다섯 가지 죄악을 버리게 하

---

85. 오소(五燒)/ 오악을 지은 이가 내세에서 받는 무서운 과보를 말함.

고, 다섯 가지 고통을 여의게 하며, 다섯 가지 죄보를 벗어
나게 하고자 하는 것이다. 그들의 마음을 달래어 다섯 가
지 선업을 닦게 해, 복덕과 구원과 장수와 영생의 열반을
얻게 하느니라.

그러면 어떠한 것이 오악이고, 무엇이 오통과 오소인
가?

또 어떻게 해야 오악을 없애고 오선을 닦아서 그 공덕
으로 생사의 고해를 여의고 한량없는 수명을 누리는 열
반의 행복을 얻는지 자세히 말하리라."

부처님께서 말씀하셨다.

"먼저 그 다섯 가지 악 가운데 첫째의 죄악에 대해 말
하리라. 무릇 천신이나 인간을 비롯하여 곤충 등의 미물
에 이르기까지 항상 악한 행동을 쉽게 하는데, 강한 자는
악한 자를 억누르고, 또한 해치거나 죽이기 일쑤이며, 잡
아먹고 먹히느니라. 그래서 착한 일을 할 줄 모르고, 극악
무도하여 그 과보로 재앙과 벌을 받게 되며, 필경에는 악
도에 떨어져 한량없는 괴로움을 당하게 되느니라.

천지신명은 모든 중생의 소행을 기억하여 그 죄업을 용
서하지 않는다. 그러기에 가난한 사람과 천한 사람, 거지
와 고독한 사람, 귀머거리, 소경, 바보와 포악한 자, 미치
광이, 병신 등의 차별이 있는 것이다. 그러나 한편으론 존
귀한 사람이나 부자, 지혜가 밝은 사람들이 있는데, 그들

은 모두 과거세에 자비롭고 마음을 온화하게 하여 선을 쌓고 덕을 쌓았기 때문이니라.

세상에는 영원히 변치 않는 인간의 떳떳한 도리가 있고, 나라에도 그 국법을 따른 감옥이 있다. 죄를 삼가지 않고 법을 두려워하지 않으면, 그 악의 죄보로 인해 감옥에 들어가게 되고, 벗어나고자 해도 벗어나기 어려운데, 이러한 일은 세상에서도 흔히 눈 앞에서 볼 수 있는 일들이다.

그런데 수명이 다하면, 후세에 받는 과보는 더욱 심각하고 험난하다. 어두운 저승에 들어가서 다른 궂은 몸으로 태어나 고통을 겪으니, 마치 이 세상 법에서 지극히 무거운 형벌을 받는 것 같으니라. 그래서 악업의 힘으로 피할 길 없이 삼악도의 한량없는 고통을 받는 것이니, 이처럼 그 업에 따라 몸을 바꾸고, 태어나는 곳이 정해지며, 그 수명이 길거나 짧은데 정신은 자연히 그 몸을 따라 가느니라.

그리고 태어날 때는 혼자이나, 전생에 원한이 있으면 서로 같은 곳에 태어나 보복을 행하느니라. 그 악업의 종자가 다하기 전에는 서로 헤어지려 하여도 헤어질 수 없느니라.

이처럼 그런 악도를 굴러다니면 나올 기약이 없고, 벗어날 수도 없으니 그 고통은 이루 말로 형언할 수 없느니라. 이렇듯 천지에는 자연히 인과의 도리가 있느니라.

비록 선과 악을 행하고, 바로 눈 앞에 즐거움을 얻거

나 괴로운 곳에 떨어지지 않는다고 해도, 조만간에 반드시 그 죄보를 받지 않을 수 없느니라. 그래서 이러한 것을 '첫째의 고통'이라 말하며, 후세에 받은 죄보를 첫째의 불길이라 이르니, 그 지독한 고통을 마치 타오르는 맹렬한 불로 그 몸을 태우는 것과 같다. 그러나 이 혼탁한 세상에서도 능히 마음을 가다듬어 사악한 마음을 억누르고, 바른 행동으로 힘써 선을 닦고 악을 행하지 않으면, 그는 죄보의 괴로움에서 벗어나느니라. 뿐만 아니라 그 복덕으로 생사의 고해를 초월하여 영원한 열반의 길을 얻게 되나니, 이를 일러 '첫째의 큰 선'이라 하느니라.

이제 그 둘째 죄악에 대하여 말하리라.

세상 사람들이 부모 자식이나 형제, 부부, 친구들 사이에 서로 의리가 없고 법도를 따르지 않으며, 사치하고 음란하며 교만, 방종하여 각자 자신의 쾌락만을 추구하는 일, 마음 내키는 대로 행동하여 서로를 속이며, 마음과 말이 서로 다르고, 아예 진실한 마음이란 찾을 수 없느니라.

또한 한 나라의 임금과 신하 사이에도 신하는 충성이 없고, 간사하여 말과 겉만을 꾸며 아첨하고, 어진 사람을 시새워 비방할 뿐만 아니라, 부당한 죄를 덮어씌운다. 또한 임금은 밝은 안목이 없어 함부로 신하를 등용하므로 신하는 마음대로 삿된 짓을 하느니라. 더러는 충실한 신하가 있어서 나라의 법도를 잘 지키고, 행동을 바르게 하며,

능히 나라를 다스리는 경륜이 밝더라도 위에 있는 자가 바르지 않으면, 그는 모함을 당해 필경에는 어진 신하를 잃고 마는 것이니, 이는 천지의 도리를 배반하는 일이니라.

이와 같이 신하는 그 임금을 속이고, 자식은 그 부모를 속이며, 형제나 부부나 친한 벗들 사이에도 서로 속이고, 제각기 탐욕과 노여움과 사특한 마음을 품고 항상 자신만을 위하여 많이 가지고자 탐내고 집착하느니라.

그리고 이러한 것은 귀한 자나 천한 자나 상하의 구별 없이 모두 그러하며, 그래서 드디어 집을 망치고, 자신을 해칠 뿐만 아니라, 나아가서는 여러 친족이나 나라까지도 멸망시키느니라.

또 어떤 때에는 가족이나 벗들, 마을사람들 간에 세상의 어리석은 사람들끼리 같이 일을 도모하다가 그 이해가 틀리면 서로 미워하고 원한을 품느니라. 또 어떤 사람은 부자이면서도 인색하여 남에게 베푸는 일이 없고, 오직 재물만을 탐내어 집착하는 마음 때문에, 스스로 괴로워하다가 필경에는 의지할 곳이 없어지느니라. 진정 인간이란 빈손으로 왔다가 빈손으로 가는 것, 아무도 그를 따를 사람은 없느니라.

그러나 선을 행하여 복을 받고, 악을 행하여 재난을 당하는 엄연한 인과의 도리는 몸을 바꾸어도 떠나지 않고 따라와서 어떤 사람은 편안한 곳에 태어나고, 어떤 사람

은 고통의 구렁 속으로 들어가게 된들 뒤늦게 아무리 뉘
우쳐도 돌이킬 수 없느니라.

　세상 사람들은 어리석고 슬기가 없어서, 착한 이를 도
리어 미워하고 비방하여 그 사람의 착함을 따르려 하지
않고, 오히려 그릇된 일만을 쫓아서 함부로 법도를 어기
고 마느니라. 또 어떤 사람은 항상 도둑과 같은 마음을
품고, 남의 재물과 이익을 부러워하며 탐내고, 혹 재물을
얻을 때에는 부질없이 소비하여 흩어버리고, 다시 탐하여
마지않느니라. 그처럼 마음이 삿되고 바르지 않기 때문
에 항상 남의 눈을 두려워하며, 미리 헤아리는 마음이 없
이 불행한 일을 당하고 나서야 비로소 후회하느니라. 금
생에는 나라의 법을 따른 감옥이 있어서, 죄에 따라 그 법
을 받고, 또 전생에 도덕을 믿지 않고 선을 닦지 않았기
때문에 이생에 와서도 다시 죄를 짓게 되느니라. 천지신명
은 그 죄를 기억하고 인과의 명부에 기록하여 그가 태어
날 곳을 정하는 것이니, 그래서 목숨이 다하면 영혼은 악
도에 떨어지고 업력에 의해 저절로 지옥·아귀·축생 등의
한량없는 괴로움을 겪게 되느니라.

　그리고 그러한 삼악도에서 굴러다니며, 몇 천 겁이 지나
도 나올 기약이 없고, 풀려날 길도 없으니 그 고통은 이루
말할 수 없느니라.

　이러한 것을 '둘째의 죄악'이라 하고 그 과보로써 현세

에 받는 고통을 '둘째의 고통'이라 하며, 내세에 받을 죄보를 '둘째의 불길'이라 한다.

이와 같은 지독한 괴로움은 마치 타오르는 맹렬한 불길로 몸을 태우는 것과 같다. 그러나 이런 혼탁한 세상에서도 능히 일심으로 삿된 마음을 억제하고 몸가짐을 단정히 하여 애써 선을 행하고 악을 범하지 않으면 저절로 악도에서 벗어난다.

그리고 그 복덕으로 구원을 얻어 천상에 태어나고 나아가 영생하는 열반의 행복을 얻을 수 있나니, 이러한 것을 '둘째의 큰 선'이라 하느니라."

부처님께서 말씀하셨다.

"이제 그 셋째의 죄악에 대해 말하리라. 세상 사람들은 서로 돕고 의지하고, 서로 모여서 이 천지간에 살고 있다. 그런데 그들이 누리고 있는 수명은 그리 긴 것이 아닌 무상한 것이다. 그리고 위로는 현명한 사람, 덕이 있는 사람, 존귀한 사람이나 부자가 있고, 아래로는 가난한 사람, 천한 사람, 불구자나 어리석은 사람이 있다. 이 가운데서도 악한 사람이 있으니 삿된 마음을 품고, 애욕의 번뇌로 가슴은 답답하여 마음이 설레고 안절부절하지 못해 그저 부질없는 이익만을 얻으려 하느니라. 그리고 이성에 눈독을 들여 음란한 마음을 품고, 자기 배우자를 싫어하고 미워하며, 남모르게 다른 이성과 사귀면서 재산을 낭비하고, 드디어 법도를 어기게 되느니라.

또 어떤 때는 한 패거리가 모여서 싸움을 일으켜 서로 때리고 찌르고 하며, 무도한 강탈을 서슴없이 행하느니라. 또는 삿된 마음으로 항상 남의 재물을 탐내어 스스로 부지런히 일하지 않고, 도둑질이나 사기를 해서 얼마간의 이익이 있으면 욕심은 더욱 불타올라 엉뚱하게 큰일을 꾸미게 되느니라. 그리고 이러한 사람은 항상 겁내고 두려워하지만, 남에게는 공갈과 협박을 일삼고, 다만 자신의 처지만을 위해 이익을 구하느니라. 또한 마음에 절제가 없어 항상 쾌락만을 좋아서 즐기고, 친족이나 위아래를 가리지 않고 매양 부질없는 짓을 하여 주위 사람들이 다 근심하고 괴로워하느니라.

이러한 사람들은 또 나라의 법을 두려워하지 않으므로 자연히 형벌을 받게 마련이니라. 이런 악한 짓은 비단, 사람에게만 알려질 뿐만 아니라, 보이지 않는 귀신에게도 알려지고, 해와 달도 굽어보며, 천지신명도 이를 소상하게 기억하느니라. 그리하여 자연히 삼악도의 한없는 괴로움을 겪게 되고, 또 그 가운데서 오랜 겁 동안 삶을 거듭하여 굴러다니면서 나올 기약이 없고, 풀려날 도리도 없으니 그 고통은 이루 말할 수 없느니라.

그래서 이러한 것을 '셋째의 죄악'이라 하고, 그 죄의 과보로 현세에 받는 고통을 '셋째의 고통'이라 하며, 내세에 받을 죄보를 '셋째의 불길'이라 한다. 이런 것에는 지극한 괴로움이 한이 없어서 마치 큰 불길로 몸을 태우는 것과 같으니라. 그런데 이러한 중생들 가운데 일심으로 마음을 가다듬고 행동을 바르게 하여 모든 선을 닦고 악을 행하지 않으면 이러한 사람은 악도를 벗어나느니라. 그리고 그 복덕으로 구원을 얻어 천상에 태어나고, 나아가서는 삼계를 뛰어넘는 열반의 행복을 얻을 수 있나니, 이러한 것을 '셋째의 큰 선'이라 하느니라."

부처님께서 다시 이렇게 말씀하셨다.

"이제 그 넷째 죄악에 대해 말하리라. 세상 사람들은 서로 선을 닦으려 생각하지도 않고, 서로를 충동질하여 나쁜 짓을 하며, 항상 이간질과 욕설, 거짓말과 음란한 생각을 일삼는다. 그리하여 서로 원수가 되고, 서로 싸우고 소란을 피우며, 착한 이를 시새워 미워하고, 현명한 사람을 헐뜯고 하느니라.

그리고 단지 자기들 부부간만 즐기려 하고 부모에게 불효하며, 스승과 어른들 섬기는 일에 소홀하고 친구 간에도 전혀 성실한 의리가 없느니라.

또한 존귀한 자리에 오르면 더욱 뽐내고 자기가 마치 천지의 도리를 다 아는 듯 큰 소리 치며, 남을 업신여기느니라. 그러나 자기 분수를 모르기 때문에 악을 범하고도 부끄러운 줄을 모르며, 스스로 강함을 내세워 남의 공경과 두려움을 사고야 마느니라.

 그리고 천지신명과 해와 달도 두려워하지 않고 선을 닦지 않으므로, 이를 항복받아 다스리기는 지극히 어려운 일이다. 또한 어리석고 못났으면서도 자기 스스로는 옳거니 생각하고, 근심과 두려움마저도 없이 항상 교만한 마음을 지니고 있느니라. 이러한 모든 악은 천지신명이 기억하는 것이며, 전생에 얼마간의 복덕을 쌓은 보람으로 금생에는 작은 선을 겨우 부지하고 보호를 받지만, 이 생에는 악을 범하여 그 복덕을 다 소모해 버리니 모든 선신이 그를 떠나고 마는 것이다. 그래서 수명이 다하면 지은 악업만이 자신에게 돌아와 자연히 쫓기고 하릴없이 삼악도를 따라 가지 않을 수 없느니라.

 모든 죄업은 천지신명이 이를 기억하고 있는 것이니, 그 죄와 허물의 사슬에 끌려서 마땅히 악도에 떨어지지 않을 수가 없다. 이는 인과 자연의 엄연한 도리로 아예 벗어날 길이 없느니라. 그래서 전생에 지은 바 악업에 이끌려 지옥의 불가마 속에 들어가서 몸이 허물어지고 정신은 한없이 괴로우나, 이때에 이르러 비로소 뉘우친들 무슨 소용이 있으랴!

 이렇듯, 천지자연의 인과의 도리는 털끝만큼도 어긋남이 없어, 죄업을 지으면 자연히 삼악도의 무량한 고통을 받지 않을 수 없느니라. 그리고 그 삼악도에서 한없이 윤회하여 오랜 겁을 두고 생사를 거듭하나니 나올 기약도 없고 벗어날 도리도 없어, 그 고통은 말로 할 수 없느니라.

그래서 이러한 것을 '넷째의 죄악'이라고 하고, 그 과보로써 현세에 받는 고통을 '넷째의 고통'이라 하며, 내세에 받을 죄보를 '넷째의 불길'이라고 하는데, 그 지극한 고통은 마치 맹렬한 불길로 몸이 활활 타는 것과 같으니라.

그러나 이러한 고통 가운데서도 지성으로 마음을 가다듬고 올바르게 행동해 자기 혼자만이라도 많은 선을 닦고 악을 행하지 않으면, 그 자신만은 삼악도를 벗어난다. 그 복덕으로 구원을 얻어 천상에 태어나고, 나아가서는 삼계를 뛰어넘어 영생하는 열반의 행복을 차지할 수 있는 것이니, 이것을 '넷째의 큰 선'이라고 하느니라."

부처님께서 말씀하셨다.

"이제는 마지막으로 그 다섯째의 죄악에 대하여 말하리라. 세상 사람들은 주책 없이 항상 머뭇거리고 게을러서 선을 닦으려 하지 않고, 부지런히 일하려고도 하지 않는다. 그래서 그 가족과 권속들은 굶주리고 추위에 떨며, 빈곤하고 괴로워하느니라. 그러나 어른들이 충고하고 타이르면, 오히려 눈을 부라리고 말대꾸하며, 사납고 거칠게 반항하여 마치 원수처럼 대하니, 차라리 자식이 없음만 못하다.

그리고 남과 사귀는 데도 아무 절도가 없어, 모두가 꺼리고 싫어하며, 항상 은혜를 배반하니 의리가 없다. 또 보답하여 갚는 마음도 없으므로 더욱 가난하고 곤란한 경우에 다시 얻을 길이 없느니라. 그런 사람들은 마음이 옹졸하여 곧잘 서로 다투고 빼앗으며, 얼마간의 소득이 있으면 노름질로 흩어버린다.

남의 것을 거저 얻는 못된 버릇이 생겨 노상 그것으로 자신의 생활을 꾸려 나가려 하느니라. 그리고 항상 술을 마시고, 입맛에 맞는 음식만을 탐하며, 조금도 절제가 없고, 마음 내키는 대로 방탕하게 날뛴다. 걸핏하면 남과 다투고, 남의 사정도 모르면서 우격다짐으로 남을 억누르려고만 하느니라. 또한 남이 선량한 것을 보면, 오히려 시새움하고 미운 마음이 들어 이를 비방한다. 그래서 의리도 없고, 예의도 없고, 털끝만큼도 뉘우치는 마음이 없어 자신을 항상 정당하다 생각하니, 어느 누구도 이를 타이르고 깨우쳐 줄 수 없느니라.

그리고 집안에 살림이 있고 없는 넋을 조금도 걱정하지 않으며, 부모의 은혜를 모르고 스승이나 친구에 대한 의리도 없느니라. 그래서 마음은 항상 삿된 일을 생각하고, 말은 늘 욕설을 일삼으며 사뭇 못된 행동만 저질러 착한 일이라곤 하는 일이 없느니라.

따라서 옛 성인이나 부처님의 가르침을 믿으려하지 않으며, 위없는 바른 길을 닦아서 생사의 고해를 벗어날 수 있음을 믿으려 하지 않는다. 또한 죽은 뒤에는 영혼이 다시 태어남을 믿지 않으며, 선을 닦으면 안락의 과보가 있고, 악을 범하면 괴로움의 죄벌이 있는 인과의 도리도 믿지 않느니라. 그리하여 심지어는 성인을 살해하고, 화합한 승가를 교란하여 도모하며, 또한 육친 권속이나 부모 형제, 친척까지도 죽이려 한다. 그래서 육친 권속들이 모두 다 그를 증오하고, 차라리 그가 죽기를 바라느니라. 이와 같이 세상 사람들 거의가 다 그러하며, 지극히 어리석고 어두우면서도 자기 스스로는 현명하다고 그릇된 생각을 하느니라.

그러기에 인생이 어디에서 와서 어디로 가는 것인지, 이러한 생사의 도리를 알 까닭이 없느니라. 따라서 어질고 순량한 마음이 없으며, 천지의 도리를 기억하면서도 항상 요행을 바라고, 못내 오래 살기를 바라지만, 어떻게 죽음을 면할 수 있을 것인가. 그리고 그들을 자비심으로 가르치고 타일러 착한 일을 생각하게 하고, 생사와 선악의 도리를 말하여 깨우치려 하나, 아무런 보람도 없느니라. 이렇듯 그들의 마음은 두터운 번뇌에 갇히고 막혀서 밝은 슬기가 열리지 못하고, 삿된 버릇에서 풀릴 수 없느니라. 그러나 이러한 사람도 그 수명이 다하는 순간에는 뉘우치고 두려워한다. 그러나 미리 선을 닦지 않고, 마지막에 이르러 뒤늦게야 후회한들 이제 와서 어찌할 도리가 있을 것인가.

이 천지 사이에는 지옥과 아귀와 축생·인간과 천상 등

의 오도가 있어 그 사이를 굴러다니는 생사윤회의 도리가 분명하며, 그 법칙은 참으로 넓고 깊어 미묘하다. 선과 악을 지으면, 그 과보로 복과 재앙은 자연히 따르는 것이다. 자신이 지은 업보는 자기 스스로 이를 받고 아무도 대신할 수 없음은 엄연한 인과의 도리이니라.

그러므로 오직 그가 저지를 소행에 따라서 그 죄벌이 목숨을 좇아 따라 다니며, 떠나지 않느니라. 착한 사람은 선을 닦아서, 안락한 곳에서 더 나은 곳으로 나아가고, 지혜는 더욱 밝아진다. 또 악한 사람은 악을 범해 괴로운 곳에서 더 괴로운 곳으로 떨어지며, 그 마음은 보다 심하게 어두워지느니라. 그런데 이런 깊고 묘한 도리를 누가 능히 알 수 있을 것인가. 오직 홀로 높으신 부처님뿐이로다.

그래서 이 가르침을 갖가지 말로 타일러 보나 이를 믿는 사람은 많지 않으니라. 따라서 생사윤회는 쉴 사이가 없고, 지옥·아귀·축생, 삼악도의 고통은 끊어지지 않는다. 이러한 중생의 무리도 영원히 없어지지 않고 생사의 고해에 넘치느니라. 그러므로 자연히 삼악도의 한량없는 고뇌가 있어, 그 가운데 굴러다니며, 나고 죽는 몇 겁을 거듭하여도 헤어 나올 기약이 없고, 벗어날 도리가 없나니, 그 고통은 이루 말로 할 수 없느니라.

그러나 사람들은 능히 이러한 가운데서도, 지성으로 마음을 가다듬고 행동을 바르게 하여 그 행동이 어긋나지

않게 하고, 자기 혼자만이라도 많은 선을 닦고 악을 행하
지 않으면, 그것만으로도 번뇌를 벗어나서 그 복덕으로
구원을 얻어 천상에 태어나느니라. 또 나아가서는 생사고
해를 초월하여 영생불멸의 열반을 얻을 수 있나니, 이것을
가리켜 '다섯째의 큰 선'이라 하느니라."

부처님께서는 다시 미륵보살에게 말씀하셨다.

"내가 지금까지 그대들에게 말한 것은 세상의 다섯 가지
죄악과, 그 죄악으로 말미암아 바로 현세에 받는 다섯 가지
고통과, 또한 그 죄보로 내세에 받을 고통인 다섯 가지 불
길에 대한 법문이었다. 그런데 이러한 죄악과 과보가 서로
원인이 되고 결과가 되어 끝없이 굴러다니게 되느니라.

그래서 다만 악만을 범하고 선을 닦지 않으면, 모두 자
연히 여러 갈래의 악도에 떨어지게 되는데, 때로는 바로 이
생에 그 앙화로 인한 무거운 업병에 걸려서 차라리 죽으려
하나 죽을 수도 없고, 편히 살기를 바라지만 그럴 수도
없어, 스스로 저지른 과보를 남에게 내보이게 되느니라.
그리하여 죽은 후에도 그 전생의 소행에 따라 삼악도에
떨어져서, 한량없는 괴로움 속에서 스스로 몸을 불태우게
되느니라.

그리고 이러한 고통을 오래 받는 중에도 그 업장으로
인하여 서로 원한을 맺게 되니, 처음의 작은 원한이 쌓이
고 쌓여서 드디어 큰 원수가 되고 마느니라.

그러면 마음은 언제나 어리석은 욕망에 시달리고, 모든 일을 욕심으로 헤아리니 마음은 더욱 번뇌에 묶여 풀려날 길이 없느니라.

또한 항상 자기만을 위한 이욕 때문에 남과 곧잘 다투니, 악을 범하고도 반성하지 않고, 선을 닦으려 하지도 않느니라. 어쩌다가 부귀해지는 경우에도 오로지 자기 한 몸만의 쾌락을 즐기고 절제할 줄 모른다. 또 힘써서 선을 닦지 않으니, 얼마가지 않아서 그 위세가 다하고 마느니라. 그래서 업보를 받는 괴로움은 더욱 심해져 드디어 어떤 것으로도 다스리거나 참을 수 없는 고통이 되고 마느니라. 참으로 인과응보에 관한 천지의 도리는 미치지 않는 곳이 없느니라. 그래서 자연히 그가 지은 소행은 낱낱이 드러나고, 엄연한 인과의 법칙은 높고 낮음, 귀하고 천한 차별이 없이 그가 지은 업력대로 받지 않을 수가 없느니라. 그리하여 다만 홀로 황급히 그 업력에 말려들고 마는 것이니, 이 도리는 예나 지금이나 변함없는 것, 참으로 고통스럽고 가엾은 일이 아닐 수 없도다."

부처님께서는 다시 미륵보살에게 말씀하셨다.

"세상이란 이처럼 고통이 가득 찬 곳, 삼세의 모든 부처님들은 중생들을 불쌍히 여기시고, 위신력으로 모든 죄악을 부수어 없애고 누구나 다 선으로 나아가게 하느니라. 그래서 다섯 가지 죄악을 범하는 마음을 버리고 계율

을 받들어 지키게 하고, 깨달음의 길을 수행하여 물러남
없이, 결국에는 생사의 고해를 벗어나 영생의 열반을 얻게
하느니라."

부처님께서 또 말씀하셨다.

"그대들 모든 천신과 인간들과 후세사람들은 내가 말
하는 불법을 잘 듣고, 마땅히 이를 깊이 생각하며, 능히
그 가르침대로 마음을 가다듬어 행동을 올바르게 가져야
하느니라. 그래서 높은 자리에 있는 사람은 더욱 착실히
선을 닦아서 아랫사람들을 잘 다스리고, 교화하여 불법
을 더욱 널리 펴도록 힘써야 하느니라.

그리고 제각기 자기 자신을 올바르게 지니며, 부처님의
가르침을 받들어 항상 선을 숭상하고, 어질고 인자한 마
음으로 모든 중생들을 사랑하라. 부처님 가르침을 지키
기에 조금도 어긋남이 있어서는 안 되느니라. 또한 마땅히
생사고해를 벗어날 것을 굳게 서원하여 모든 악의 뿌리를
뽑아 없애고, 한사코 삼악도의 한량없는 근심과 두려움
과 괴로움에서 벗어나야 하느니라. 이 혼탁한 세상에서는
그대들은 마땅히 공덕의 근본인 선을 심어야 하며, 항상
은혜와 자비를 베풀고 추호도 불법의 도리에 어긋나지 말
아야 한다. 그래서 능히 인욕하고 정진하여 항시 마음을
청정히 하고, 지혜로써 많은 사람들을 교화하여 더욱 공
을 쌓고 선을 닦아야 하느니라.

이렇듯 마음을 바르게 하고 청정한 계율을 지키는 것은 한량없는 공덕이니 다만 밤낮으로 하룻 동안만 계율을 법답이 지킬지라도 극락세계에서 백 년 동안 선을 닦는 것 보다 나으니라. 왜 그런가 하면 저 아미타 부처님의 극락세계는 번뇌의 번거로움이 없으므로, 누구나가 다 많은 선만을 쌓고, 털끝만한 악도 저지르지 않기 때문이다. 또 이 세상에서 단지 열흘 동안만 선을 닦는다고 해도, 다른 부처님의 땅에서 천 년 동안 선을 닦는 것 보다 더 뛰어나느니라. 왜 그런가 하면, 다른 불국토에는 선을 닦는 이는 많고 악을 범하는 이는 지극히 드문데, 그러한 불국토는 자연히 복덕을 갖추고 있어서 죄악을 짓는 경계가 아니기 때문이다.

그러다 이 세상은 죄악이 많아서 사람들이 자연의 도리를 따르지 않고, 스스로 지어서 고생하며, 항상 욕심만을 부려서 서로 속이고 미워한다. 그러기에 마음은 더욱 괴롭고 몸은 피곤하여 마치 소태처럼 쓴 물을 마시고 독을 먹는 것 같으니라. 항상 이렇게 바쁘고 괴롭기만 하니, 잠시도 편안하게 쉴 겨를이 없느니라. 그래서 나는 천신과 인간들을 가엾게 여겨 간곡히 타이르고 가르쳐, 선을 닦게 하고 근기에 따라 인도하여 진리를 깨닫도록 하느니라. 그러니 지성으로 받들어 행하면 각기 소원에 따라서 반드시 불도를 이룰 수 있으며, 내가 다니는 곳마다 모두 한결같이 교화를 입지 않는 곳이 없을 것이니라.

그리하여 천하는 태평하고 저 하늘의 해와 달은 청명하여 비바람이 순조로우니 재난이 일어나지 않을 것이다. 그래서 나라는 풍요하고 백성들은 평온해, 싸우는 병사와 무기는 아무 소용이 없을 것이니라. 그리고 사람들은 덕을 높이 받들어 인자한 마음으로 부지런히 예절을 닦을 것이니라."

제9장. 부처님의 거듭 권유

부처님께서 다시 말씀하셨다.

"내가 그대들 중생을 불쌍히 여기고 사랑하는 것은, 부모가 자식을 생각하는 것 보다도 한결 더 깊으니라. 그러기에 이 세상에서 부처가 되어 다섯 가지의 죄악을 항복받고, 다섯 가지의 고통을 없애며, 다섯 가지의 불길을 지워 버리고, 선으로써 악을 다스린다. 나아가 생사의 고뇌를 뽑아내고, 오덕[86]을 얻게 하여, 영원하고 안락한 열반의 행복을 누리게 하는 것이니라.

그러나 내가 이 세상을 떠나고 나면 사람들은 다섯 거짓이 늘어나서 모든 죄악을 저지르게 될 것이니라. 그리하여

---

86. 오덕(五德)/ 선정에 머무른 보살이 처음 얻는 다섯 가지 덕과 이익. ①생선취(生善趣) ②생귀가(生貴家) ③구승근(具勝根) ④수남신(受男身) ⑤억숙명(憶宿命)

'다섯 가지 고통'과 내세에 받을 '다섯 가지 불길'은 도로 이전과 같이 드러나서 세월이 지랄수록 더욱 심해질 것이니, 이를 낱낱이 다 말할 수는 없는 일이나 우선 그대들을 깨우치기 위해 이처럼 간략한 당부를 하는 것이니라."

부처님께서 미륵보살을 비롯한 여러 대중에게 당부하셨다.

"그대들은 내가 말한 가르침을 자세히 생각하고 한껏 깨우치며 불법의 가르침대로 행하여 아예 어긋나는 일이 없도록 하라."

이 때 미륵보살이 합장하고 부처님께 아뢰었다.

"부처님께서 말씀하신 바는 참으로 절실하고 간곡하십니다. 세상 사람들은 부처님 말씀대로 실로 저속하기 그지없습니다. 부처님께서 큰 자비를 베푸시어 불쌍히 여기시고, 모두 다 고해를 벗어나게 하시니 부처님의 간절하신 가르침을 받들어 결코 어그러짐이 없도록 굳게 다짐하겠습니다."

제10장. 이 세상에 나투신 증명

부처님께서 아난에게 말씀하셨다.

"아난이여! 일어나서 법의를 단정히 하고 합장하여 아미타 부처님을 공경하고 예배하라. 시방세계의 모든 부처님들도 항상 저 아미타 부처님의 한량없는 지혜와 공덕을 찬탄하느니라."

이 때 아난은 일어서서 법의를 바로 하고 단정히 서쪽을 향해 합장하여 공경하고, 엎드려 아미타 부처님을 예배하였다. 그리고 부처님께 여쭈었다.

"부처님이시여! 원하옵나니, 저 아미타 부처님의 극락 세계와 거기 계신 모든 보살들과 성문 대중들을 뵈옵게 하여 주십시오."

이 말이 끝나자마자 바로 그 때 아미타 부처님께서 큰 광명을 나투시어 두루 모든 불국토를 비추셨다. 그러니 금강철위산을 비롯하여 수미산과 다른 크고 작은 모든 산에 이르기까지 세상의 모든 만물은 다 한결같이 황금 색으로 빛났다.

그것은 마치 세상의 종말에 오는 수재겁 때 홍수가 세계에 넘쳐, 그 가운데 만물이 모두 잠기고, 다만 망망한 바다의 물만을 바라보는 것과 같았다.

저 아미타 부처님의 광명도 이와 같아서 성문과 보살들의 일체광명은 다 가리워져 스러지고, 다만 부처님의 광명만 청정하게 빛나고 있음을 뵈올 수 있었다. 이 때 아난이 아미타 부처님을 우러러 뵈오니 그 부처님의 크고 높으신 위덕은 마치 수미산이 세계의 어느 산보다도 높이 솟아 있는 것처럼, 우뚝하게 보였다. 그 거룩하신 모습은 빛나고, 광명이 두루 시방세계에 비치지 않는 데가 없었다. 그리고 이 설법의 자리에 모인 비구, 비구니와 선남자, 선여인, 사부대중도 모두 다 함께 아미타 부처님을 뵈옵고 극락세계를 바라볼 수 있었으며, 한편 극락세계에서 이곳을 바라보는 것도 또한 그와 같았다.

이 때 부처님께서는 아난과 미륵보살에게 말씀하셨다.

"그대들이 극락세계를 바라볼 때, 그 땅 위에서 저 정거천[87]에 이르기까지, 그 가운데 있는 미묘하고 청정한 자연의 만물을 다 볼 수 있었느냐?"

아난이 대답하였다.

"네, 부처님. 이미 보았습니다."

부처님께서 말씀하셨다.

"그러면 그대들은 아미타 부처님의 청정하고 미묘한 음성이 모든 세계에 울려 퍼져 모든 중생들을 교화하심을 들었느냐?"

아난이 다시 여쭈었다.

"이미 들었습니다."

부처님께서 말씀하셨다.

"저 극락세계의 사람들이 백천 유순이나 되는 칠보궁

87. 정거천/ 색계 제4선천. 성자만이 거처하는 곳.

전을 타고 살면서, 아무런 걸림없이 시방세계를 두루 다니며 모든 부처님께 공양드리는 것을 그대들은 볼 수 있었느냐?"

아난이 대답하였다.

"이미 보았습니다."

부처님께서 말씀하셨다.

"극락세계에 왕생하는 사람 중에는 태에 들어 태어나는 태생이 있는데 그것도 보았느냐?"

아난이 대답했다.

"네, 그것도 이미 보았습니다. 그렇게 태로 인해 태어난 이들이 사는 궁전을 백 유순도 되고 혹은 5백 유순도 되며, 각기 그 가운데서 온갖 쾌락을 누리는 것이 마치 저 도리천상에서 자연히 쾌락을 받는 것과 같습니다."

이 때 미륵보살이 부처님께 여쭈었다.

"부처님이시여! 무슨 인연으로 극락세계의 사람들은 태로 인해 태어나는 태생과, 태로 인하지 않고 홀연히 태어나는 화생[88]의 구별이 있습니까?"

부처님께서 미륵보살에게 일러 말씀하셨다.

---

88. 화생(化生)/ 태, 란, 습, 화 사생(四生)의 하나. 자체가 없으며, 의탁한 데 없이 홀연히 생겨남. 극락, 천상, 지옥에 나거나 겁 초 세상이 시작될 때 태어난 사람은 화생함.

"어떤 중생들 중에는 부처님의 한량없는 지혜 공덕에 대해 의혹을 품고, 다만 자기의 힘만으로 공덕을 닦아서 극락세계에 태어나고자 원을 세우는 이들이 있다. 그들은 아직 부처님의 지혜공덕이 부사의하여 이루 말로 다할 수 없고, 또한 그 지혜가 크고 넓어서 무엇으로도 비길 데가 없는 최상의 지혜임을 깨닫지 못한 탓이다. 그러나 그들은 부처님의 불가사의한 지혜를 의심하여 믿지는 않으나, 그래도 죄와 복에 대한 인과의 도리는 믿고, 스스로 선을 닦아서 극락세계에 태어나고자 원을 세우고 있느니라. 이처럼 부처님의 지혜공덕을 의심하고 수행하는 이들이 저 극락세계 변두리에 있는 칠보궁전에 태어나느니라. 그리고 그들은 5백 세 동안이나 전혀 부처님을 뵙지 못하고 불법을 듣지도 못한다. 또 보살과 성문 등의 거룩한 이들을 만나지도 못한다. 극락세계에서는 이들을 가리켜 태생이라 하느니라.

그러나 누구든지 부처님의 지혜공덕이 헤아릴 수 없음을 분명히 믿고 갖가지의 공덕을 쌓아서 의심없는 신심으로 극락세계에 태어나고자 서원을 한다면, 이러한 중생들은 바로 극락세계의 칠보연꽃 속에 자연히 화생하여, 가부좌를 하고 앉게 되느니라. 그리고 짧은 순간에도 모습의 거룩함과 광명과 지혜공덕이 극락세계의 여러 보살들과 똑같이 원만히 갖추어지느니라.

미륵이여! 다른 불국토의 여러 보살들도 발심하여 아미타 부처님과 극락세계의 여러 보살들과 성문을 뵈옵고, 공경하고 공양하고자 한다면, 그이들도 또한 수명이 다하면 자연히 극락세계의 칠보연꽃 속에 화생하게 되느니라.

미륵이여! 잘 알아 두어라. 저 극락세계에 화생하는 이들은 지혜가 뛰어나기 때문이며, 그에 반해 태생으로 태어나는 이들은 모두 지혜가 그에 미치지 못한 탓이다. 그래서 그들은 5백 세 동안이나 전혀 부처님을 만나 뵈옵지 못하고, 불법을 듣지도 못하며, 또한 부처님을 공양할 수도 없다.

그래서 보살의 법도를 모르기 때문에 많은 공덕을 쌓을 수도 없느니라. 마땅히 알아야 할지니, 이러한 사람들은 과거 숙세에 지혜를 닦지 않고 부처님의 부사의한 지혜를 의심한 때문이니라."

부처님께서 다시 미륵보살에게 일러 말씀하셨다.

"가령 비유하건대, 전륜성왕의 궁전에 따로 칠보로 된 방을 마련하여 화려한 자리를 깔고 장막을 치고, 갖가지의 아름다운 비단깃발로 장엄을 하여 놓았다고 하자. 만약 왕자가 죄를 지으면, 부왕은 그를 벌하여 바로 이 칠보 방 안에 황금사슬로 매어서 가두느니라. 그러나 음식이나 옷, 이부자리나 그 밖의 꽃과 향, 음악 등은 전륜성왕과 똑같이 주어 조금도 부족함이 없도록 한다. 이럴 때 그 왕자의 마음은 어떠하겠는가? 그 왕자는 그래도 그 화려한 칠보 방 안에 있고 싶어 할 것인가?"

미륵보살이 대답했다.

"그렇지 않습니다. 부처님. 왕자는 무슨 방편을 써서라도 힘이 센 장사를 구해 빠져 나오려고 할 것입니다."

부처님께서 미륵보살에게 말씀하셨다.

"저 극락세계에 태생하는 중생들도 그와 같다. 그들은 한량없는 부처님의 지혜 공덕을 의심하여 믿지 않았기 때문에, 저 극락세계의 변두리에 있는 칠보궁전에 태어나서, 아무런 벌도 받지 않고, 나쁜 일이란 생각조차 하지 않으나, 다만 5백 년 동안이나 부처님과 불법과, 성중 등 삼보를 만나 귀의하지 못하고, 따라서 삼보를 공양하여 갖가지의 공덕을 쌓을 수도 없다. 이러한 것이 큰 괴로움이 되어 비록 다른 어떤 즐거움이 있더라도, 그 곳에 머무르고 싶어하지 않는다. 그러나 그들이 부처님의 지혜공덕을 의심한 그 근본허물을 깨닫고, 깊이 참회하여 칠보궁전을 벗어나기를 원한다면, 바로 뜻을 이룰 수 있으리라. 곧 아미타 부처님의 처소에 나아가 공경하고 공양하게 되며, 또한 헤아릴 수 없는 모든 부처님의 처소를 두루 다니며 더욱 많은 공덕을 쌓을 수 있느니라.

미륵이여! 잘 명심하라. 누구든지 부처님의 지혜공덕을 의심하는 것은 가장 큰 이익을 잃는 것이다. 그러므로 마

135

땅히 모든 부처님의 위없는 지혜공덕을 분명히 믿어야 하느니라."

미륵보살은 부처님께 여쭈어 물었다.

"부처님이시여! 이 세상에서 불법에서 물러나지 않는 불퇴전의 자리에 오른 보살들이 얼마나 극락세계에 태어나게 됩니까?"

부처님께서 대답하셨다.

"이 세상에는 67억이나 되는 불퇴전의 보살들이 있는데, 그들은 모두 극락세계에 왕생할 것이다. 이러한 보살들은 일찍이 헤아릴 수 없이 많은 부처님들을 공양하였으며, 그 높은 공덕은 거의 미륵 그대와 마찬가지니라. 그리고 오직 수행공덕이 부족한 여러 보살들과 작은 공덕을 닦는 소승 수행자의 수가 헤아릴 수 없이 많은데, 그들도 또한 모두 극락세계에 왕생할 것이다."

부처님께서 미륵보살에게 다시 일러 말씀하셨다.

"내가 교화하고 있는 이 사바세계의 여러 보살들만 저 극락세계에 왕생하는 것이 아니라, 다른 불국토에서도 그와 같으니라.

그 첫째로, 원조불의 세계에서는 180억의 보살들이 왕생할 것이다.

둘째, 보장불의 세계에서는 90억 보살들이 왕생할 것이다.

셋째, 무량음불의 세계에서는 220억 보살들이 왕생할 것이다.

넷째, 감로미불의 세계에서는 250억 보살들이 왕생할 것이다.

다섯째, 용승불의 세계에서는 14억 보살들이 왕생할 것이다.

여섯째, 승력불의 세계에서는 1만 4천 보살들이 왕생할 것이다.

일곱째, 사자불의 세계에서는 500억 보살들이 왕생할 것이다.

여덟째, 이구광불의 세계에서는 80억 보살들이 왕생할 것이다.

아홉째, 덕수불의 세계에서는 60억 보살들이 왕생할 것이다.

열 번째, 묘덕산불의 세계에서는 60억 보살들이 왕생할 것이다.

열한 번째, 인왕불의 세계에서는 10억 보살들이 왕생할 것이다.

열두 번째, 무상화불의 세계에서는 한량없이 많은 보살들이 모두 왕생할 것이다. 그들은 모두 불도에서 물러나지 않는 불퇴전의 자리를 얻고, 지혜가 뛰어났으며, 일찍이 한량없는 여러 부처님을 공양하였다. 그래서 겨우 7일 동안의 짧은 시간에 다른 보살이 백천 억 겁을 닦아서야 얻을 굳센 법력을 갖추었느니라.

열세 번째, 무외불의 세계에서는 790억의 대승 보살들과, 작은 공덕의 여러 보살들과, 헤아릴 수 없는 많은 출가자들이 모두 다 극락세계에 왕생할 것이다.

미륵이여! 지금 말한 열네 개의 불국세계에 있는 보살들만 극락세계에 왕생하는 것이 아니라, 시방세계의 헤아릴 수 없는 불국토에서도 극락세계에 왕생하는 이들은 이처럼 헤아릴 수가 없느니라.

그러므로 내가 시방세계의 모든 부처님들의 이름과 그 불국토에서 극락왕생하는 보살들과 출가 수행자들의 수를 헤아린다면, 밤낮으로 한 겁 동안을 두고도 오히려 다 헤아릴 수 없다. 나는 이제 그대들은 위하여 간략하게 그 대강만을 말한 것이니라."

제11장. 부처님의 당부

부처님께서 미륵보살에게 말씀하셨다.

"누구든지 아미타 부처님의 이름을 듣고, 그지없이 기뻐하며 다만 한번만이라도 아미타 부처님을 생각한다면, 이 사람은 큰 이익을 얻게 되느니라. 분명히 알아 두어라. 바로 이것은 위없는 공덕을 갖추게 되는 것이니라.

미륵이여! 설사 맹렬한 큰 불이 삼천대천세계에 불붙는 다 할지라도, 한사코 뚫고 나가서 이 경전의 가르침을 들 어야 하느니라. 그래서 환희심으로 믿고 지니며, 외우고 기억하여 가르침과 같이 수행해야 하느니라. 왜 그런가 하면, 많은 보살들이 이 경전을 들으려고 하여도 과거에 큰 공덕이 없으면, 들을 길이 없는 귀중한 진리이기 때문 이니라. 만약 어떤 중생이 이 경전의 가르침을 듣기만 해 도, 그는 위없는 대도에서 끝내 물러나지 않을 것이다. 그 러므로 그대들은 마땅히 정성을 다하여 믿고 지니며, 외우 고 기억하여 가르침대로 수행해야 하느니라."

부처님께서 다시 말씀하셨다.

"내가 이제 여러 중생들을 위하여 이 《무량수경》을 설 하였다. 아미타 부처님과 극락세계에 관한 모든 공덕과 장음을 그대들이 듣고 보고 알도록 하였다. 그러니 그대 들은 마땅히 수행 정진하여, 모두 극락세계에 왕생함을 간절히 구해야 하며, 내가 돌아간 뒤에도 다시 의혹을 품 어서는 안되느니라. 먼 미래에 이 세상에서 불법이 망하고 모든 경전이 다 없어진다 하더라도, 나는 자비스런 마음 으로 말세중생을 가엾게 여겨, 특히 이 《무량수경》만은 백 년을 더 오래 이 세상에 머물게 할 것이다. 그래서 누구 든지 이 《무량수경》을 만나서 그 가르침을 믿고 따르는 이는, 그들의 소원대로 모두 극락세계에 왕생할 수 있을 것이니라."

부처님께서 미륵보살에게 말씀하셨다.

"부처님께서 이 세상에 나타나시는 것을 만나 뵙기는 참으로 어려운 일이다. 또한 여러 부처님의 경전을 얻는 것도 어렵고, 설법을 듣는 것도 어려우니라. 그리고 보살행의 위대한 법인 육바라밀을 듣는 것 또한 어려우며, 선지식을 만나 능히 수행하는 것도 역시 어려운 일이다. 그러나 만약 이 《무량수경》의 진리를 듣고 크게 기뻐하며, 믿고 지니고 기억함은 참으로 어려운 일 가운데서도 가장 어려운 일로 이보다 더 어려운 일은 없느니라.

그러므로 나는 《무량수경》의 법문을, 진리 그대로 이와 같이 마련하고(如是作)진리 그대로 이와 같이 말하여(如是說) 그리고 진리 그대로 이와 같이 가르치는(如是敎)것이다. 그러니 그대들은 마땅히 믿고 의지하여 가르침과 같이 수행해야 하느니라."

그 때 부처님께서 《무량수경》을 설법하실 적에 한량없는 중생들이 모두 위없는 보리심을 일으켰다.

그 가운데에서 1만 2천 나유타의 사람들은 일체 만법의 참모습을 분명히 비쳐보는 청정한 법안을 얻고, 22억의 천신과 인간들은 다시 욕계에 미혹되지 않는 아나함과를 얻었다. 80만 출가 수행자들은 모든 번뇌를 끊고 마음에 걸림이 없는 누진통을 얻었다. 그리고 40억의 보살들은 위없는 대도에서 물러나지 않는 불퇴전의 자리를 얻으니, 그들은 중생들을 제도하려는 큰 서원의 공덕으로 스스로를 장엄하고 장차 오는 세상에서 마땅히 부처가 될 것이다.

그때 삼천대천세계는 여섯 가지로 울리고 찬란한 광명은 두루 시방세계에 비치는데, 백천 가지의 음악이 자연히 울려 퍼지고 헤아릴 수 없는 신묘한 꽃들은 비오듯이 펄펄 흩날렸다.

부처님께서 《무량수경》의 법문을 끝마치시니, 미륵보살과 시방세계에서 모여든 많은 보살들과 장로 아난을 비롯한 여러 큰 성문들과 다른 모든 대중들은 부처님의 설법을 듣고, 그 모두가 크게 기뻐하였다.

관무량수경

제1장. 기사굴산의 큰 법회

이와 같이 나는 들었다. 부처님께서 왕사성[89] 기사굴산[90]에 계실 때였다.

그 자리에는 1천 2백 5십 인의 훌륭한 비구들과 3만 2천의 보살들이 한데 모여 있었다. 그 가운데 문수보살이 으뜸가는 수제자였다.

제2장. 왕사성의 비극

그때 마가다국 왕사성에는 왕자 아사세[91]가 태자로 있었다.

그는 욕심 많은 나쁜 친구 데바닷타[92]의 꾀임에 빠져 아

---

89. 왕사성/중인도 마가다국의 수도. B.C 6세기경 빔비사라왕이 쌓았고, 그 아들 아사세 역시 이 곳에 살았음.
90. 기사굴산/ 중인도 마가다국 왕사성 동북쪽의 산, 영취산 혹은 영산(靈山)이라고도 함.
91. 아사세/ 빔비사라왕의 아들로, 데바닷타의 꾀임에 빠져 부왕을 가두어 죽였음. 왕위에 올라 그 세력을 중인도에 떨쳤음. 뒤에 그 악행을 참회하고 불교에 귀의, 교단을 외호하는 큰 시주가 되었음.

버지 빔비사라왕[93]을 일곱 겹의 담으로 둘러싼 감옥에 가두었다. 그리고는 신하들에게 한 사람도 가까이 가지 못하도록 명령을 내렸다.

그러나 왕비인 위제희 부인[94]은 어떻게 하면 왕을 도울 수 있을까 슬퍼하며 생각했다. 그래서 깨끗이 목욕을 하고 꿀을 밀가루와 우유로 반죽하여 몸에 발랐다.

또 영락구슬 안에 포도즙을 담아 왕을 찾아가 가만히 드리곤 하였다. 그래서 빔비사라왕은 꿀반죽과 포도즙으로 겨우 목숨을 부지할 수 있었다.

그런데 빔비사라왕은 평소 부처님을 믿고 섬기는 마음이 남달리 깊은 왕이었다. 그는 부처님이 계시는 기사굴산을 향하여 간절히 합장하며 기원했다.

"부처님이시여! 제자 목건련존자는 바로 저의 벗이옵니다. 원하옵건대, 자비를 베푸시어 저에게 팔재계[95]를 주

---

92. 데바닷타/ 아난의 형이며 부처님의 종제. 부처님을 모함하다가 산 채로 지옥에 떨어졌다고 함.
93. 빔비사라왕/ 중인도 마가다국의 왕. 부처님께 귀의하여 죽림정사를 바쳤다. 아들 아사세에게 갇혀 죽임을 당했다고 함.
94. 위제희 부인/ 빔비사라왕의 왕후. 왕이 유폐되자 깊은 좌절과 슬픔을 느끼고 부처님께 설법을 청함. ≪관무량수경≫은 바로 부처님께서 위제희 부인에게 설하신 가르침임.
95. 팔재계(八齋戒)/ 집에 있는 불교인이 지키는 8가지 계행. ①죽이지 말 것. ②훔치지 말 것. ③삿된 음행을 하지 말 것. ④망언을 하지 말 것. ⑤술 마시지 말 것. ⑥분수를 넘는 화려한 자리에 있지 말 것. ⑦몸에 장식품을 갖지 말고, 노래 부르고 춤추지 말며 그를 즐기지 말 것. ⑧정오를 넘어서 먹지 말 것.

도록 하여 주십시오."

이 때 기사굴산에 있는 목건련존자는 왕의 이 간절한 소원을 들었다.

목건련존자는 새매처럼 날쌔게 왕이 갇혀있는 감옥에 이르러서는 왕을 위로하고 팔재계를 주었다.

또한 부처님께서는 제자들 가운데 설법을 제일 잘하기로 유명한 부루나존자[96]를 왕에게 보내셔서 설법을 하게 하셨다.

그런 탓으로 빔비사라왕은 갇힌 지 스무하루나 지났지만, 꿀반죽과 부처님의 가르침으로 그 얼굴은 갇히기 전처럼 온화했고 마음에는 기쁨이 가득했다.

어느 날, 아사세는 감옥의 문지기를 불러 아버지 빔비사라왕이 아직도 살아있느냐고 물었다. 문지기는 이렇게 대답했다.

"대왕이시여! 어머니이신 위제희 부인이 몸에 꿀반죽을 바르고, 영락구슬 안에 포도즙을 넣어오셔서 부왕에게 올립니다. 또 부처님의 제자이신 목건련존자와 부루나존자가 허공으로 날아와 부왕에게 설법을 합니다. 저는 이 일을 도저히 막을 도리가 없습니다."

이 말을 들은 아사세는 화가 불같이 치밀어 어머니 위

---

96. 부루나존자/ 부처님 10대 제자의 한 분으로 설법 제일이라고 알려짐.

제희 부인을 찾아갔다.

"내 원수인 아버지와 내통을 한 어머니는 역적입니다. 그리고 스님들은 남을 홀리는 술법으로 나쁜 임금 빔비사라를 오래 살게 하니, 그들은 악당입니다."

아사세는 바로 칼을 뽑아 들어 자신의 어머니를 죽이려고 하였다.

그때 월광이라는 총명하고 지혜로운 대신이 의사로 유명한 기바대신[97]과 함께 왕에게 나아가 절하고 아뢰었다.

"대왕이시여! 신들이 저 베다[98] 성전의 말씀을 다 살펴건대, 개별 이래 오늘에 이르기까지 여러 나쁜 왕들이 왕좌를 탐내, 그 부왕을 살해한 자는 무려 1만 8천 명이나 된다고 하였습니다.

그러나 이제껏 자기 어머니를 무도하게 죽였다는 말은 일찍이 듣지 못하였습니다. 그런데 대왕께서 이제 어머니를 해치려 하시니, 이는 왕족의 명예를 더럽히는 일이라, 저희들은 신하로서 차마 볼 수 없습니다. 자식이 어머니를 죽이는 짓은 천한 백정만도 못한 짓이오니, 저희들은 여기에 더 머물러 있을 수 없습니다."

---

97. 기바대신/ 빔비사라왕의 아우. 유명한 의사로 부처님의 시의. 아사세왕에게 권하여 불교를 믿게 함.
98. 베다/ 고대 인도의 바라문교 근본성전.

월광대신은 바로 칼을 뽑아들듯이 칼자루에 손을 대고 몇 걸음 뒤로 물러섰다.

이에 아사세왕은 크게 놀라고 기가 죽어서 기바대신에게 말했다.

"그대는 나를 도와주지 않으려는가?"

기바대신이 말했다.

"대왕이시여! 부디 어머니를 살해하지 말고 삼가십시오!"

왕은 이 말을 듣고 크게 뉘우쳐 두 대신에게 사과하고 곧 칼을 버렸다. 그리고는 어머니 위제희 부인을 살해하지는 않았으나, 내관을 시켜 깊은 골방에 가두고는 다시 나오지 못하도록 하였다.

제3장. 고해를 싫어하고 정토를 흠모함

이처럼 위제희 부인이 궁중 깊이 갇히게 되자 슬픔과 시름으로 몸이 마르고, 마음 또한 산란하기 짝이 없었다. 부인은 멀리 기사굴산을 향하여 부처님께 예배하고 말씀드렸다.

"부처님이시여! 지난 날 부처님께서는 언제나 아난존자를 보내어 저를 위로해 주셨습니다. 저는 지금 깊은 시름에 잠겨 있으나, 거룩하신 부처님을 뵈올 길마저 없습니다. 원하옵건대 목건련존자와 아난존자를 보내 주시어, 저를 위로하게 하여 주십시오!”

위제희 부인은 슬픔이 복받쳐 하염없이 눈물을 흘리며, 부처님 계신 곳을 향하여 다시금 예배드렸다. 그런데 부처님께서는 위제희 부인이 고개를 들기도 전에 그 모든 바램을 들으셨다. 그래서 곧 목건련과 아난에게 허공으로 날아가도록 말씀하시고는 부처님께서도 기사굴산에서 홀연히 자취를 감추고 바로 위제희 부인이 있는 왕궁으로 나투셨다.

그때 위제희 부인이 예배를 마치고 고개를 들자, 놀랍게도 부처님께서 찬란한 자마금색의 모습으로, 백천 보배 찬란한 연꽃 위에 앉아 계시는 거룩한 그 모습을 뵈올 수 있었다.

그리고 그 왼편에는 목건련존자가 그 오른편에는 아난존자가 부처님을 시봉하고 있었고, 제석천과 범천과 사대천왕 등 여러 천신들은 허공에서 비 내리듯 하늘 꽃을 뿌리며, 부처님께 공양드렸다.

이 때 위제희 부인은 부처님을 뵙자 목에 걸고 있던 구슬 목걸이를 끊어 버리고, 엎드려 울면서 부처님께 아뢰었다.

“부처님이시여! 제가 과거 숙세에 무슨 죄를 지었기에 아사세와 같이 악독한 아들을 두게 되고, 또 부처님께서는 어떤 인연으로 데바닷타와 같은 친족을 갖게 되셨습니까?

원하옵나니 부처님이시여! 저를 위하여 괴로움도 번뇌도 없는 곳에 대해 자세하게 말씀해 주십시오. 저는 마땅히 그 곳에 태어나도록 힘쓰겠으며, 이 염부제와 같이 혼탁하고 사나운 세상에는 아예 살고 싶지 않습니다.

더럽고 악하기 짝이 없는 이 세상에는 지옥과 아귀와 축생이 가득하고, 못된 무리들이 득실거립니다. 다음 세상에 태어나면 저는 나쁜 소리를 듣지 않고, 사나운 무리를 만나고 싶지 않습니다. 저는 지금 부처님 앞에 오체투지하여 참회하오며 구원을 비옵니다. 진정으로 원하옵나니, 중생의 태양이신 부처님께서 저에게, 청정한 업으로 이루어진 편안하고 즐거운 세계를 보여 주십시오."

그 때 부처님의 양미간에서 찬란한 금색광명이 나와 한량없는 시방세계를 두루 비추었다. 그 광명은 다시 돌아와 부처님의 정수리에 머물러 마치 수미산과 같은 황금좌대가 되었다. 그리고 시방세계의 모든 부처님들이 계시는 청정미묘한 불국토는 다 그 가운데 나타나 있었다. 어느 국토는 칠보로 이루어지고, 어느 국토는 순수한 연꽃만으로 이루어지고, 어느 국토는 자재천궁과 같이 장엄하였다.

또 어느 국토는 수정거울처럼 영롱했는데, 이처럼 헤아릴 수 없는 불국토들이 뚜렷이 드러나, 중생들이 분명하게 바라볼 수 있었다.

위제희 부인이 부처님께 여쭈었다.

"부처님이시여! 이러한 여러 불국토는 모두 다 청정하고 광명으로 빛나고 있습니다. 그러나 저는 그 중에서도 아미타 부처님이 계시는 극락세계에 태어나고자 원합니다.

오직 바라옵건대 부처님시이여! 저에게 극락세계에 왕생하기 위한 마음가짐과 바른 수행법을 가르쳐 주십시오."

이 말을 들은 부처님께서 빙그레 웃음을 지으시니, 오색 광명이 부처님의 입에서 나와, 그 찬란한 빛은 갇혀있는 빔비사라왕의 머리와 이마를 비추었다.

빔비사라왕은 몸은 비록 옥중에 갇혀 있었지만, 그 빛에 문득 마음이 환히 열려, 멀리서나마 부처님을 향해 예배드렸다. 그리고나니 자연히 욕계[99]의 번뇌가 끊어지고, 다시 욕계로 물러서지 않는 아나함[100]과의 경계를 이루게 되었다.

그 때 부처님께서 위제희 부인에게 말씀하셨다.

"부인은 잘 모르시나 아미타 부처님은 결코 멀리 계시지 않습니다. 부인은 마땅히 마음을 가다듬고, 청정한 업으로 이루어진 저 극락세계를 자세히 관찰해 보시오.

나는 지금 부인을 위해 가지가지의 비유를 들겠습니다.

---

99. 욕계(欲界)/ 삼계 중의 하나. 지옥, 아귀, 축생, 아수라, 인간, 육욕천을 합친 곳. 이 세계 중생들은 식욕, 음욕, 수면욕을 갖고 있음.
100. 아나함/ 소승 깨달음의 4과 중 제3과. 다시 욕계에 태어나지 않는다고 해 불환과, 불래과라 번역함.

그리고 다음 미래 세상의 모든 중생들이 청정한 업을 닦아서 서방 극락세계에 왕생할 수 있도록 하겠습니다.

그런데 저 극락세계에 왕생하고자 하는 이는, 마땅히 세 가지의 복을 닦지 않으면 안 됩니다. 그 첫째는 부모에게 효도하고, 스승과 어른을 받들어 섬기며, 자비스런 마음으로 살아있는 목숨을 죽이지 않고 지성으로 선업을 닦는 일입니다.

둘째는 부처님과 불법과 스님, 이 삼보에 귀의하여 여러 가지 계율을 지키며, 위의를 바르게 하는 일입니다. 셋째는 위없는 진리를 깨닫고자 보리심을 일으켜 마음깊이 인과의 도리를 믿고 대승경전을 독송하며, 다른 사람에게도 그리하도록 힘써 권해야 하는 일입니다.

이러한 세 가지의 수행을 극락세계에 왕생하는 청정한 업이라 합니다.

그리고 부인은 아직 모르고 계실 터이나, 바로 이 세 가지의 청정한 업이 과거, 현재, 미래, 삼세의 모든 부처님들께서 닦으신 청정한 업의 근본입니다."

제4장. 극락세계 관찰의 인연

부처님께서 다시 아난과 위제희 부인에게 말씀하셨다.

"그대들은 잘 듣고 깊이 생각하라. 내 이제, 번뇌로 인해 시달리고 괴로워할 미래 세상의 모든 중생들을 위하여 청정한 선업을 말하리라.

착하도다 위제희여! 부인은 미래세의 중생들을 위하여 참으로 좋은 질문을 하였다. 아난아, 그대는 내가 하는 말을 잘 듣고 기억하여 널리 많은 중생들에게 베풀도록 하라.

나는 이제 위제희 부인과 미래 세상의 모든 중생들이 서방 극락세계를 관하도록 가르쳐 주리라. 그래서 그들은 부처님의 위신력에 의지하여 청정한 극락세계를 바라보는 것이, 마치 맑은 거울에 자기의 얼굴을 비쳐보는 것처럼 분명하리라. 그리하여 극락세계의 지극히 미묘한 장엄과 즐거운 일들을 보고 나면, 그들의 마음은 기쁨으로 가득차, 바로 불생불멸의 진리를 깨닫는 무생법인[101]을 얻게 되느니라."

부처님께서는 다시 위제희 부인에게 말씀하셨다.

"부인은 아직 생사의 이치를 깨닫지 못한 범부이니, 그 마음이 여리고 얕으며, 아직 천안통을 얻지 못해 멀리 볼 수도 없습니다. 오직 부처님의 부사의[102]한 방편에 의해서만 저 극락세계를 볼 수 있을 뿐입니다."

---

101. 무생법인(無生法忍)/ 지혜로써 진여의 이치를 깨닫는 것.
102. 부사의(不思議)/ 헤아려 알기 힘든 일.

위제희 부인이 부처님께 말씀드렸다.

"부처님, 저와 같은 범부는 지금 거룩하신 부처님의 법력으로 극락세계를 볼 수 있습니다. 그러나 부처님께서 열반에 드신 후에 다른 모든 중생들은 마음이 혼탁하고 삿되어 항상 생로병사의 괴로움과 이별하는 슬픔, 이러한 다섯 가지 고통에 시달리게 될 것입니다.

그런 중생들은 어찌하여야 아미타 부처님의 극락세계를 볼 수 있습니까?"

제5장. 해를 생각하는 관

부처님께서 위제희 부인에게 말씀하셨다.

"부인이여! 그대와 다른 사람들은 이제 마음을 가다듬고 생각을 한 곳에 집중하여 서쪽을 생각하십시오. 어떠한 생각인가 하면 다음과 같은 것들입니다.

모든 중생들은 나면서부터 소경이 아니니, 눈이 있는 사람이면 누구나 해가 지는 광경을 볼 것입니다. 서쪽을 향하여 단정한 자세로 앉아서 지는 해를 똑똑히 보도록 하십시오. 그리고는 마음을 굳게 하여 생각을 움직이지 말고, 곧 지려는 해가 마치 서쪽하늘에 매달린 북과도 같

---

102. 부사의(不思議)/ 헤아려 알기 힘든 일.

음을 보아야 할 것입니다. 그래서 해를 보고난 후에도 눈을 감고 있으나 눈을 뜨나 그 영상이 한결같이 보여야 할 것입니다.

이러한 것을 해를 관하는 일상관이라고 말하고, 또한 첫째 관이라고 합니다.

제6장. 물을 생각하는 관

다음에는 물을 생각하십시오. 물이 맑고 투명한 것을 생각해서 그 영상이 분명하게 마음 속에 남아 흩어지지 않도록 해야 합니다.

그리고 이미 물을 보았으면, 다음에는 얼음을 생각하십시오. 그 얼음이 투명하게 비침을 보고 다시 유리를 생각하도록 하십시오. 그리고 이 생각 다음에는 유리로 된 땅의 안팎이 환하게 들여다보임을 생각하십시오. 그리고 그 밑에는 금강과 칠보로 된 황금의 땅이 유리 같은 대지를 팔방으로 받치고 있습니다. 또한 그 황금의 땅은 여덟모로 이루어지고 그 하나하나의 면마다 백 가지 보배로 꾸며져 있습니다. 또 알알이 달린 보배구슬에서는 일천 자기의 광명이 빛나고, 그 한 줄기의 광명마다 8만 4천의 찬란한 빛이 비칩니다.

그 모든 빛이 유리로 된 대지에 비치면 마치 억천의 해처럼 빛나고 눈부시어 바로 바라볼 수 없습니다.

그리고 유리의 땅 위에는 황금의 줄로 얼기설기 칸을 막아 칠보의 경계가 분명히 그어져 있습니다. 그 하나하나의 보배에는 5백 가지의 광명이 빛나는데, 그 빛은 아름다운 꽃과도 같고, 저 하늘의 달이나 별같이도 보입니다. 그것들이 허공 중에 찬란한 광명대를 이루고 있습니다. 그리고 그 광명대 위에는 온갖 보배로 이루어진 천만의 누각이 있습니다. 또 광명대의 양편에는 각각 백억의 꽃송이로 이루어진 화려한 당[103]과 헤아릴 수 없는 악기의 장식이 있습니다. 여기에 찬란한 광명에서 저절로 여덟 줄기의 맑은 바람이 불어와, 무량한 악기를 울리면, 그 선율은 인생의 진리를 자연히 알게 합니다. 괴롭고, 공하고, 무상하고, 무아한 도리, 이 악기들은 이런 도리를 연주하는 것입니다. 이와같이 물에 대한 생각을 분명히 하고 살피어 보는 것을 수상관이라고 하고, 둘째 관이라고 합니다.

제7장. 땅을 생각하는 관

이런 유리땅의 관조가 이루어지면 그 하나하나를 더욱 분명하게 살펴보도록 해야 합니다. 그래서 눈을 뜨나 감

---

103. 당(幢)/ 깃대.

으나 그 영상이 흩어지거나 스러지지 않도록 해야 합니다. 잠을 잘 때가 아니면 항상 이 일을 깊이 생각해야 합니다.

이처럼 생각하면 극락세계를 대강은 보았다고 할 수 있습니다. 그러나 더욱 더 깊이 관조하여 마침내 삼매[104]를 얻으면, 극락세계를 분명하게 보게 되는 것입니다. 그러나 이것을 다 말로 설명할 수는 없습니다. 이처럼 땅에 대해 살피는 것을 '땅을 생각하는 관'이라 하고 셋째 관이라고 합니다."

부처님께서 다시 아난에게 말씀하셨다.

"아난이여! 그대는 내 말을 마음에 깊이 새겼다가, 미래 세상의 중생들 가운데 고통을 벗어나고자 하는 이들을 위해 바로 이 '땅을 생각하는 관'에 대해 알려 주어라. 이와 같이 땅을 관하는 사람은 80억 겁 동안에 생사의 윤회하는 죄업을 없애고, 수명이 다할 때에는 반드시 극락세계에 태어날 것이다.

그러니 결코 마음에 의심을 품어서는 안되느니라. 그래서 이와같이 관조하는 것을 올바른 정관이라 하고, 달리 관조하는 것을 삿된 사관이라 하느니라."

---

104. 삼매(三昧)/ 마음을 고요히 한 곳에 둔다는 뜻.

제8장. 보배나무를 생각하는 관

부처님께서 다시 아난과 위제희 부인에게 말씀하셨다.

"유리로 된 땅에 관한 관조를 다한 다음에는 보배나무를 관하여라.

보배나무를 생각할 때는 우선 보배나무 하나하나를 생각해서 그 보배나무가 일곱 줄이나 늘어서 있음을 생각하라. 그 나무마다 높이가 8천 유순이나 되며 또 모두가 칠보의 꽃과 잎을 달고 있느니라. 그리고 꽃잎 하나하나는 여러 가지 보배의 빛깔로 이루어졌다.

유리에서는 황금빛이 나고 수정에서는 붉은 빛이 나고 마노에서는 자거의 빛이, 자거에서는 푸른 진주의 빛이 나느니라. 그 밖에 산호와 호박과 다른 온갖 보배로 꾸며져 있느니라. 그리고 아름답기 그지없는 진주 그물이 보배나무의 위를 다 덮고 있다.

그 진주그물은 나무마다 일곱 겹으로 둘러 있느니라. 그 그물 사이마다 5백억의 아름다운 꽃 궁전이 있는데, 마치 범천의 궁전과 같으니라. 그 안에 천상의 동자들이 스스럼없이 노닐고 있는데, 그들은 각기 5백억의 마니보주로 이루어진 영락구슬을 목에 걸고 있느니라. 그런데 그 마니보주의 광명은 백 유순이나 멀리 비쳐, 마치 저 하늘의 해와 달을 한데 모아 놓은 것과 같아 도저히 말로 설명할 수 없느니라.

　이와 같이 온갖 보배가 사이사이 섞여서 그 아름다운 빛깔은 무엇에도 비교할 수 없느니라.

　이러한 보배나무들이 알맞게 줄지어 서 있고 잎사귀마다 서로 맞닿아 있으며, 잎새마다 아름다운 꽃이 피고, 그 꽃송이에는 일곱 가지 보배가 아름답게 열렸느니라. 그리고 그 나뭇잎 하나하나는 가로와 세로가 한결같이 25유순이나 되며, 그 잎은 천 가지의 색깔에 백 가지 무늬가 아롱져 마치 천상의 영락과도 같으니라. 이처럼 아름다운 꽃송이들은 염부단금[105]의 찬란한 금빛으로 빛나며, 불바퀴처럼 잎사귀 사이를 선연하게 돌고 있느니라.

　그리고 꽃봉오리에서 온갖 열매가 맺히는 모습은 흡사, 무엇이든 원하는 대로 나오는 제석천의 보배로 된 병과도 같으니라. 그런데 이러한 눈부신 광명은 그대로 깃발로 변해 헤아릴 수 없이 많은 보배 일산이 되느니라. 그리고 보배 일산 속에는 삼천대천세계의 모든 부처님 세계의 일이 비치어 나타나고, 시방세계의 불국토 또한 그 안에 나타나 있느니라. 이와 같이 보배나무를 관조하고 나서, 다시금 차례대로 이를 하나하나 살펴보되, 보배나무의 줄기나 가지, 잎과 꽃, 열매 등의 영상이 분명하게 마음속에

---

105. 염부단금(閻浮檀金)/ 자마금. 곧 순금을 말함.

떠올라야 하느니라. 이러한 것을 보배나무를 생각한다는 '보수관'이라 하고 넷째 관이라 하느니라.

제9장. 공덕수를 생각하는 관

다음에는 보배연못의 물을 생각하라. 보배연목의 물을 관조한다는 것은 이런 일이다.

저 극락세계에는 여덟 가지의 공덕을 갖춘 보배연못의 물이 있다. 그 연못의 물마다 일곱 가지의 보배가 있고, 그 보배는 부드럽고 연해, 구슬의 으뜸인 여의보주에서 흘러 나왔느니라.

그리고 그 보배연못의 물은 열네 줄기로 나뉘어져 흐르고, 그 하나하나의 물줄기는 일곱 가지 보배의 빛으로 빛나는 황금의 개울이 되어 있느니라. 그 개울의 밑바닥은 눈부신 금강석이 깔리고 황금의 개울마다 60억의 일곱 가지 보배연꽃이 피어 있다.

그 연꽃은 둥글고 탐스러워 모든 꽃이 12유순이나 되느니라.

또한 마니보주에서 흘러나오는 황금의 물줄기는 그 연꽃 사이로 흐르며 보배나무를 따라 흘러가느니라. 그 물 흐르는 소리는 지극히 아름답고 미묘하여, 인생의 진리인 괴로움과 공, 무상, 무아, 바라밀의 도리를 알리거나, 부처님의 거룩하신 모습과 공덕을 찬탄하기도 하느니라. 그리고 보배 가운데 으뜸인 여의보주에서는 미묘한 금색 광명이 솟아나와 백 가지 보배 빛깔의 새로 변해 지저귄다. 그 소리는 평화롭고, 애뜻하고 그윽하여 항상 부처님과 불법과 승가[106]를 생각하는 공덕을 찬양하느니라.

이러한 것을 팔공덕수를 관조하는 보배연못의 관이라 하고, 다섯째 관이라고 하느니라.

제10장. 보배누각을 생각하는 관

온갖 보배로 장엄한 국토마다 그 경계에는 5백 억의 보배로 세운 누각이 있으며, 그 곳에는 헤아릴 수 없는 천상 사람들이 아름다운 음악을 연주하고 있느니라. 그런데 그 악기들은 천상의 보배 깃발처럼 하늘에 매달려 저절로 아름다운 소리를 울리는데, 그 온갖 음률은 모두 부처님을 생각하고 불법을 생각하고 승가를 생각하고, 이 삼보를 생각할 것을 아뢰고 있느니라.

그래서 이러한 생각이 이루어지면, 극락세계의 보배나무와 보배 땅과 보배연못을 대강 보았다고 말한다. 또 이를 가리켜 극락세계의 경계를 모두 관조하는 총관상이라 하

---

106. 승가(僧伽)/ 삼보의 하나로 불법을 믿고 부처님의 가르침을 따르는 사람들의 집단.

고, 여섯째 관이라 말하느니라. 그리고 만약 이와 같이 관조하는 삶을 사는 사람은 무량억겁 동안의 무거운 악업을 없애고 수명이 다하면 반드시 극락세계에 태어나느니라. 그래서 이와 같이 관조함을 바른 정관이라 하고 이런 방법으로 관하지 않는 것을 그릇된 사관이라고 하느니라."

제11장. 연화대를 생각하는 관

부처님께서는 다시 아난과 위제희 부인에게 말씀하셨다.

"그대들은 자세히 듣고 이를 깊이 명심하라. 나는 그대들을 위해 고뇌를 없애는 법을 분별하여 말하겠다. 그대들은 착실히 기억하였다가 여러 사람들을 위해 널리 설명하고 베풀도록 하라."

부처님께서 이 말씀을 하시는 자리에 어느 새 아미타 부처님이 하늘에 계시었고, 관세음보살과 대세지보살이 부처님의 좌우에 시봉하여 서 있었다.

그 광명이 어찌나 찬란한지 눈이 부셔서 바로 쳐다볼 수 없었으며, 백천의 염부단금을 합한 찬란한 금빛도 이에는 비교될 수 없었다.

그 때 위제희 부인은 아미타 부처님을 뵈옵고, 공손히 큰 절을 한 후 부처님께 여쭈었다.

"부처님, 저는 지금 거룩하옵신 부처님의 위신력에 의지하여 아미타 부처님과 두 보살님을 뵈올 수 있었습니다. 그러나 부처님께서 열반에 드신 후에는, 미래 세상의 중생들이 어떻게 하여야 아미타 부처님과 두 분의 보살님을 뵈올 수 있겠습니까?"

부처님께서 위제희 부인에게 말씀하셨다.

"저 아미타 부처님을 뵈옵고자 하면 마땅히 다음과 같은 생각을 일으키도록 하라.

먼저 칠보로 된 땅 위에 피어있는 연꽃을 생각하라. 그리고 그 연꽃의 꽃잎마다 백 가지의 보배 빛깔이 있고, 그 꽃잎에는 8만 4천 줄의 엽맥이 있는데, 마치 천상의 그림처럼 아름답도다. 그 엽맥에는 또 8만 4천의 광명이 빛나고 있음을 분명히 보도록 해야 하느니라.

그리고 그 작은 꽃잎마다 길이와 넓이가 250유순이나 되는데, 연꽃 한 송이에는 8만 4천의 꽃잎이 있고, 꽃잎 사이마다 백억의 마니보주로 장식되어 있느니라. 또 낱낱의 마니보주는 일천의 광명을 찬란히 비쳐 일산처럼 보이며, 칠보로 이루어져 땅을 두루 덮고 있느니라.

그리고 마니보주로 이루어진 연화대는 8만의 금강석과 견숙가보와 범마니보와 묘진주의 그물로 장엄되어 있느니라. 그 연화대 위에는 자연히 네 개의 보배 당번이 세워졌는데, 그 하나하나가 마치 백천만 억의 수미산과 같느니

라. 그리고 그 당번 위의 보배휘장은 야마천의 궁전과 같으며, 5백억의 미묘한 구슬로 찬란하게 꾸며져 있느니라.

그리고 그 보배구슬마다 8만 4천의 광명이 빛나고, 그 빛줄기 하나하나는 8만 4천의 색다른 금색으로 빛나느니라. 이처럼 헤아릴 수 없는 찬란한 금색의 광명이 보배 땅 위에 펼쳐 있느니라. 그리고 광명은 곳곳마다 변화해 갖가지의 다른 형상을 이루느니라. 금강대가 되기도 하고, 진주의 그물이 되기도 하며, 혹은 여러 가지 꽃구름이 되기도 하느니라. 온갖 모습으로 마음대로 변화하여 부처님 세계의 모든 것을 이루고 있느니라. 이러한 것을 연화대를 관조하는 화좌관이라 하고, 일곱째 관이라고 말하느니라."

부처님께서는 다시 아난에게 말씀하셨다.

"아난아, 이와 같이 미묘한 꽃은 본시 아미타 부처님께서 법장비구로 계실 적에 세우신 서원의 힘으로 이루어진 것이니라. 그래서 저 아미타 부처님을 생각하고자 하면, 마땅히 저 연화대에 관한 생각을 먼저 해야 하느니라. 그런데 연화대를 생각할 때는 다른 번잡한 생각을 하지 말고, 하나하나의 꽃잎, 알알의 구슬, 빛줄기 하나하나, 한 송이마다의 꽃, 당번 하나하나를 생각하여, 마치 거울을 통해 자신의 얼굴을 들여다보듯, 그 영상을 분명히 보아야 하느니라.

그래서 이러한 생각이 이루어진 사람은 능히 5만 겁 동안 생사 윤회하는 죄업을 없애고, 반드시 극락세계에 왕생할 수 있느니라. 이와 같이 관조함을 올바른 정관이라 하고, 다르게 살피는 것을 그릇된 사관이라 하느니라."

제12장. 형상을 생각하는 관

부처님께서 아난과 위제희 부인에게 말씀하셨다.

"이미 연화대를 살폈으면 다음에는 부처님을 생각하라. 왜 그런가 하면, 모든 부처님은 온 세계인 법계를 몸으로 두루 나투시니, 일체중생의 마음 속에 깃들어 계시느니라. 그러므로 그대들의 마음으로 항상 부처님을 생각하면 그 마음이 바로 부처님의 32상과 80수형호인 것이다.

그래서 마음으로 부처를 이루고, 또 그 마음이 바로 부처님이니라.

모든 부처님의 위없이 바른 지혜의 바다는 마음에서 생기는 것이다. 마땅히 일심으로 생각하여 저 아미타 부처님과 그 지혜공덕인 여래[107]·응공[108]·정변지[109]를 깊이 관조해

---

107. 여래(如來)/ 부처님을 부르는 10호의 하나. 여(如)는 진여, 곧 진리이며, 진여에서 왔다고 해서 여래라고 함.
108. 응공(應供)/ 부처님의 10호의 하나. 아라한을 뜻으로 번역한 것. 부처님은 인간과 천상의 공양을 받을 자격이 있음을 응공이라고 함.
109. 정변지(正遍智)/ 부처님 10호의 하나. 정등각, 정각이라 번역. 부처님은 일체 종지를 갖추어 온갖 물심현상에 대해 모르는 것이 없다는 뜻.

야 하느니라.

저 아미타 부처님을 생각하고자 하는 사람은 먼저 부처님의 모습을 생각해야 하느니라. 눈을 뜨거나 감거나 마음을 한결같이 다스려 염부단금의 자마금색과 같이 찬란한 부처님 한 분이 저 연꽃 위에 앉아 있는 모습을 관조해야 하느니라.

이와 같이 부처님의 형상을 보고 나면, 마음의 눈이 열려서 저 극락세계의 칠보 장엄된 보배 땅과 보배연못, 줄지어 서 있는 보배나무와 그 위를 덮고 있는 천상의 보배 휘장, 또한 온갖 보배로 아롱진 보배그물이 하늘의 허공에 가득함을 뚜렷하게 볼 것이다. 그리고 이러한 영상을 마치 자기 손바닥을 보듯 더욱 뚜렷하게 살펴야 하리라.

그리고 이와 같이 보고난 후에는 탐스러운 연꽃 한 송이가 부처님의 왼편에 피어 있는 것을 생각하라. 그것은 부처님상의 연꽃과 같아서 조금도 다르지 않느니라.

또 그와 똑같은 연꽃 한 송이가 부처님의 오른 편에 있는 광경을 생각하여라.

그리고 관세음보살이 왼쪽 연꽃 위에 앉아 있고, 대세지보살이 오른쪽 연꽃 위에 앉아 있는데, 그 찬란한 금색 광명은 한결같이 부처님의 광명과 같으니라.

그리하여 이러한 생각이 이루어지면, 부처님의 상과 두 보살상은 모두 찬란한 광명을 나투느니라. 그래서 그 찬란한 금색 광명은 모든 보배나무를 비추느니라.

그리고 그 하나하나의 보배나무 밑에는 세 송이의 탐스러운 연꽃이 있고, 연꽃 위에는 각각 한 부처님의 상과 두 보살상이 있다. 이렇듯 아미타 부처님의 상과 두 보살상은 저 극락세계에 두루 가득하느니라.

이와 같은 생각이 성취되었을 때, 관하는 수행자는 극락세계를 흐르는 물과 광명과 모든 보배나무, 기러기와 원앙새 같은 만물이 하나같이 미묘한 법문을 설하고 있음을 알게 되느니라.

그래서 선정에 들 때나, 선정에서 나올 때 항상 미묘한 법문을 들으리니, 수행자는 선정에 들었을 때 들은 바를 잘 기억하였다가 선정에서 나온 뒤 경전의 가르침과 맞추어 보도록 해야 하느니라. 그것이 만약 경전과 맞지 않으면 이는 망상이고, 경전과 합당하면 이를 '거친 생각으로 극락세계를 보는 일'이라 하느니라.

그런데 이와 같이 부처님과 보살의 상을 생각하고, 관조하는 것을 상상관이라 하고, 또 여덟째 관이라 하느니라.

그리고 이러한 관조를 하는 사람은 무량억 겁 동안 생사로 인한 윤회와 악업을 겪지 않고, 바로 현재의 몸으로 염불삼매를 얻게 되느니라."

제13장. 부처님의 몸을 생각하는 관

부처님께서 다시 아난과 위제희 부인에게 말씀하셨다.

"이러한 생각이 이루어지면, 다음에는 아미타 부처님의 모습과 그 광명을 관조하라. 아난이여! 잘 알아 두어라. 아미타 부처님의 몸은 백천만억 야마천의 자마금색과 같이 빛나고, 키는 60만억 나유타 항하사 유순이니라.

그리고 미간의 백호는 오른쪽으로 우아하게 돌고 있는데, 마치 수미산 다섯을 합한 것과 같고, 눈을 4대해의 바닷물처럼, 그윽하게 푸르고 흰 동자가 분명하니라.

몸의 모든 모공에서는 수미산과 같은 큰 광명이 흘러나오고, 원광은 백억 삼천대천세계와 같으니라.

그리고 그 원광 속에는 백만억 나유타 항하사의 화신불이 계시고, 그 화신불마다 헤아릴 수 없는 화신보살들을 모시고 있느니라.

그리고 아미타 부처님에게는 8만 4천 가지의 상이 있고, 그 하나하나의 상에는 각각 8만 4천의 수형호가 있으며, 그 수형호 하나하나마다 또한 8만 4천의 광명이 있느니라.

그리고 그 광명은 시방세계를 비추어 부처님을 생각하고, 부처님을 부르는 염불중생들을 받아들여 단 한 사람이라도 버리지 않느니라.

그런데 이런 모든 광명과 상호와 화신불을 말로는 이

루 다할 수가 없으니, 다만 깊이깊이 생각하여 마음의 눈으로 보도록 하라.

이와 같이 볼 수 있는 사람은 바로 시방세계의 모든 부처님을 볼 수 있으며, 모든 부처님을 볼 수 있음으로 인하여 염불삼매라 하느니라. 그래서 이와 같이 관조함을 '모든 부처님의 몸을 관한다'고 말하느니라. 그런데 부처님의 몸을 볼 수 있으면 또한 부처님의 마음도 볼 수 있으니, 부처님의 마음, 곧 '불심'이란 바로 대자대비를 말한다. 시방 세계의 모든 부처님들은 이러한 무연자비[110]로 모든 중생을 섭수[111]하느니라.

이와 같이 관조할 수 있는 사람은 내생에는 여러 부처님의 회상에 태어나, 생사의 이치를 깨닫는 무생 법인을 얻게 되느니라.

그러므로 지혜로운 사람은 마음을 오롯이 하여, 착실하게 아미타 부처님을 관조해야 하느니라. 그리고 아미타 부처님을 관조할 때에는, 한 가지 상호로부터 살펴 들어가야 하는데, 다만 미간의 백호를 볼 수 있으면 부처님의 8만 4천 상호가 저절로 앞에 나타나는데, 이렇듯 아미타 부처님을 볼 수 있는 사람은 시방세계의 헤아릴 수 없이

---

110. 무연자비(無緣慈悲)/ 절대평등의 자비, 바로 부처님의 자비를 뜻함.
111. 섭수(攝受)/ 부처님의 자비와 지혜 광명 속에 모든 중생을 다 거두어 보살핌을 말함.

많은 부처님을 볼 수 있느니라. 또한 무수한 부처님을 볼 수 있으므로 부처님으로부터 미래에 반드시 깨달음을 얻어 성불하리라는 수기를 받게 되느니라.

이러한 것을 모든 부처님의 모습을 관조하는 진신관이라 하고, 또한 아홉째 관이라 하느니라. 그리고 이와 같이 관조함을 바른 정관이라 하고, 그렇지 못한 것을 그릇된 사관이라 하느니라."

제14장. 관세음보살을 생각하는 관

부처님께서 다시 아난과 위제희 부인에게 말씀하셨다.

"아미타 부처님을 분명하게 뵈온 다음에는 관세음보살을 관조하라.

이 보살은 키가 80만 억 나유타 유순이며, 몸은 자마금색으로 빛난다.

정수리에는 상투같이 솟은 육계[112]가 있으며, 목에는 원광이 있는데, 그 지름이 백천 유순이나 되느니라. 그 원광 속에는 5백의 화신불이 계시는데, 모두 나(석가모니 부처님)와 같으니라. 그리고 한 분의 화신불마다 각기 5백의 화신보살과 헤아릴 수 없이 많은 천인들이 모시고 있느니라.

---

112. 육계/ 부처님 32상 중 무견정상(無見頂相). 부처님 정수리에 솟은 상투 모양의 살덩이.

그리고 관세음보살의 온몸에서 나투는 광명 속에는 지옥·아귀·축생·인간·천상 등 오도의 중생들이 가지고 있는 모든 현상이 나타나 있느니라.

관세음보살의 머리 위에는 마니보주로 만든 천관이 있고, 그 천관 속에 한 분의 화신불이 계시는데, 높이는 25유순이니라.

관세음보살의 얼굴은 자마금색으로 빛나고, 미간의 백호는 칠보의 빛깔을 지녔는데, 8만 4천의 광명이 흘러나오느니라.

그리고 그 광명의 줄기마다에는 헤아릴 수 없이 많은 화신불들이 계시는데, 그 화신불들은 또한 수없이 많은 화신보살들이 모시고 있느니라.

이같이 자재로이 변화하여 시방세계에 가득함이 마치 찬란한 붉은 연꽃이 가득하게 피어있는 것과 같으니라.

또한 관세음보살은 80억 광명으로 만든 영락 목걸이를 걸고 있는데, 그 영락구슬 속에는 모든 장엄한 일들이 다 나타나 있느니라. 그 손바닥은 5백억 가지 연꽃 빛을 띠고 그 손가락 끝마다 8만 4천의 그림무늬가 있는데, 마치 도장이 찍힌 모습 같으니라.

그 그림무늬마다 8만 4천의 빛깔이 있고, 빛깔마다 역시 8만 4천의 광명이 있느니라. 그런데 그 광명은 부드럽고 포근하게 두루 모든 것을 비추는데, 관세음보살은 이런 보배 손으로 중생들을 인도하느니라.

또한 관세음보살이 발을 들 적에는 발바닥에 있는 천 복륜의 발금이 저절로 5백억의 광명으로 비추느니, 발자국을 디디면, 그 빛이 바로 금강마니보의 금강마니보배꽃으로 변해 온 땅 위에 그득하게 흩어지느니라.

그런데 관세음보살의 모든 상호는 부처님과 똑같이 갖추어져서 조금도 다름없으나, 다만 정수리에 솟은 육계와 그 위를 볼 수 없는 무견정상[113]만이 부처님에게 미치지 못하느니라. 이와 같이 관조함을 관세음보살의 모습을 관하는 관음진신관이라 하고, 또한 열째 관이라 하느니라."

부처님께서 아난에게 다시 이르셨다.

"만약 관세음보살을 보고자 한다면 마땅히 내가 말한 것과 같이 해야 하느니라. 이러한 관을 하는 사람은 어떠한 재앙도 만나지 않고, 업장을 말끔하게 소멸해 헤아릴 수 없는 많은 겁 동안에 생사의 바다에서 헤매이는 죄업을 없애느니라. 그래서 다만 관세음보살의 그 이름만을 들어도 무량한 복을 얻을 수 있다. 하물며 그 모습을 분명하게 관조하는 큰 공덕에 있어서랴.

만약 관세음보살을 관조하고자 하는 사람은 먼저 정

---

113. 무견정상(無見頂上)/ 부처님 상호인 80수형호의 하나, 부처님의 정수리가 높아서 볼 수 없음을 말함.

수리의 육계를 관하고, 다음에는 천관을 관하고, 나머지 여러 상호를 차례로 관조하되, 뚜렷하기가 마치 자신의 손바닥을 들여야 보듯 해야 하느니라.

이렇게 관조하는 것을 바른 정관이라 하고, 다르게 관하는 것을 그릇된 사관이라 하느니라.

제15장. 대세지보살을 생각하는 관

다음에는 대세지보살을 관조하라. 이 보살의 크기는 관세음보살과 같고, 그 원광의 지름은 125유순이며, 250유순을 비추느니라. 온몸에서 나투는 광명은 자마금색으로 시방세계의 모든 나라를 다 비추는데, 인연이 있는 모든 중생은 다 볼 수 있느니라. 그리고 이 보살의 한 모공에서 나오는 고아명만 보아도 시방세계 모든 부처님들의 청정하고 미묘한 광명을 알 수 있느니라. 그러므로 이 보살의 이름은 끝없는 광명, 즉 무변광이라 한다.

또 지혜의 광명으로 두루 일체의 중생을 비추어서 지옥·아귀·축생 등 삼악도의 고난을 여의게 하는 위없는 힘을 지니고 있으므로, 이 보살을 일러 '큰 힘을 얻은 이' 즉 대세지보살이라고 하느니라.

그리고 이 보살의 보배관은 5백 가지의 보배관으로 장식되어 있다. 그 하나하나의 보배꽃에는 5백 개의 보배 꽃

받침이 있는데, 그 낱낱의 꽃받침에는 시방세계의 청정미
묘한 불국토의 드넓은 모습이 다 나타나 있느니라.

그 밖의 여러 가지 몸의 형상은 관세음보살과 다름없
느니라.

대세지보살이 다닐 적에는 시방세계의 모든 것이 울리
고, 그 울리는 곳마다 5백억 송이의 보배꽃이 피고, 꽃마
다 크고 장엄한데, 그 모습은 극락세계와 같으니라.

이 보살이 자리에 앉을 때에는 칠보로 된 국토가 한 순
간에 흔들리는데, 그 울림은 아래쪽인 금강불국토에서 위
에 있는 광명불국토에까지 이르느니라.

그리고 그 사이에는 도저히 헤일 수 없는 아미타 부처
님의 분신과 관세음보살과 대세지보살의 분신들이 구름
처럼 극락세계에 모여 들어, 허공 가득히 연화대에 앉아서
미묘한 법문을 설하고, 고해중생을 구하시느니라.

이러한 모든 것을 관조하는 것을 정관이라 하고, 그렇
지 못한 것을 그릇된 사관이라고 하느니라.

또한 이 대세지보살을 관조하는 사람은 헤아릴 수 없
이 오랜 아승지겁의 세월 동안, 생사에서 헤매는 죄업을
없애느니라. 또한 다시는 태중에 들지 않고, 언제나 부처
님의 청정미묘한 국토에 머무르게 되는 것이다.

이와 같은 관이 성취되면, 온전히 관세음보살과 대세지
보살을 보았다고 말할 수 있으리라.

제16장. 두루 생각하는 관

이 두루 생각하는 관을 행할 때에는 자기 마음을 일깨워, 마치 자신이 서방 극락세계에 태어나 연꽃 속에서 가부좌하고 앉았을 때, 그 연꽃의 봉오리가 활짝 피어나는 길을 생각해야 하느니라. 그리고 그 연꽃이 피어날 때는 그 속에서 5백 가지의 광명이 비치어, 자신의 몸을 비추고 자신의 눈을 뜨게 한다는 생각을 해야 하느니라. 그리하여 부처님과 보살들이 허공에 가득함을 볼 수 있고, 극락세계를 흐르는 물소리와 지저귀는 새들의 노래 소리, 보배 숲을 스치는 바람 소리와 부처님의 음성 등, 이 모든 것들이 한결같이 12부경[114]과 같은 미묘한 법문을 설한다는 것을 알 수 있느니라.

그리고 선정에 머물렀다가 나온 뒤에도 그 생각을 마음에 새겨 잊지 않도록 해야 하느니라.

그래서 이와 같이 관조할 수 있게 되면 아미타 부처님과 극락세계를 볼 수 있으리라.

이러한 것들을 두루 관조하는 것을 보관이라 하고 열두 번째 관이라 하느니라.

---

114. 12부경(十二部經)/ 경전의 형태를 형식, 내용에 따라 12종으로 분류한 것. 십이분교(十二分敎), 십이분성교(十二分聖敎), 십이분경(十二分經)이라고도 함.

그런데 이처럼 수행하는 사람은 아미타 부처님의 무수한 화신이 관세음보살과 대세지보살과 더불어 항상 그 수행자가 있는 곳에 나투시는 것을 알 수 있느니라."

제17장. 섞어 생각하는 관

부처님께서 다시 아난과 위제희 부인에게 말씀하셨다.

"지극한 정성으로 극락세계에 태어나고자 하는 사람은 먼저 한 장 여섯 자되는 불상이 보배연못 위에 계시는 모습을 관해야 하느니라.

앞에서 말한 바와 같이 아미타 부처님은 그 몸이 온 우주에 가득하여 끝이 없으니, 범부의 마음으로는 미칠 수가 없느니라. 그러나 아미타 부처님께서 과거 숙세에 세우신 큰 서원의 힘에 의하여, 깊이 관조하는 사람은 반드시 극락세계에 태어나고자 하는 원을 이룰 수 있느니라.

다만 부처님의 형상만을 생각해도 무량한 복을 받을 수가 있는데, 하물며 원만하기 그지없는 부처님의 모습을 관조하는 공덕에 있어서랴.

아미타 부처님께서는 신통력이 자재하시어 시방세계 모든 국토에 두루 나투신다.

때로는 아주 크게 나투시어 온 허공에 가득차고, 때로는 작은 모습으로 나투시어 한 장 여섯 자, 또는 여덟 자의 모습으로 나투시느니라.

그리고 나투시는 모습은 모두 자마금색의 광명으로 빛난다. 그 밖의 화신불이나 보배연꽃 등은 앞서 말한 바와 같으니라.

그리고 관세음보살과 대세지보살은 어디에서나 같은 모습으로 나투시는데, 중생들은 그 머리만을 보아도 알 수 있느니라. 그 머리의 보배관에 부처님이 계시면 관세음보살이고, 보배병이 있으면 대세지보살이니라. 그런데 이 두 보살은 언제나 아미타 부처님을 도와서 두루 일체의 중생을 교화하느니라.

이렇게 생각하는 법을 섞어서 생각하는 잡상관이라 하고 열세 번째의 관이라 하느니라.”

제18장. 상배관

1. 상품상생

부처님께서 다시 아난과 위제희 부인에게 말씀하셨다.

“상품상생이라 하는 것은 저 극락세계에 태어나기를 원하는 중생들이 세 가지의 마음을 일으켜, 극락세계에 왕생하는 것을 말하느니라.

그런데 그 세 가지란 첫째, 지극히 정성스러운 마음이요, 둘째는 깊은 신앙심이며, 셋째는 모든 선행을 회향하여 극락세계에 태어나기를 바라는 회향발원심[115]이니라. 이러한 세 가지의 마음을 갖추면, 반드시 극락세계에 태어나게 되느니라.

그리고 세 종류의 중생이 극락에 왕생할 수 있는데, 그 첫째는 자비심이 깊어서 살아있는 목숨을 죽이지 않고 모든 계율을 갖추어 행동이 올바른 이이다.

둘째는 대승경전을 지성으로 독송하는 이이며, 셋째는 여섯 가지 염원, 즉 부처님과 불법과 불제자와 계율과 보시와 천상 등을 염원하는 수행을 말하느니라.

그래서 이러한 선근 공덕을 회향하여 저 극락세계에 태어나기를 서원하고, 이러한 공덕을 갖추어 하루에서 이레까지 이르면 바로 극락세계에 왕생할 수 있느니라.

이와 같이 극락세계에 태어날 때, 이들은 용맹하게 정진하였기 때문에 아미타 부처님께서 관세음보살, 대세지보살과 무수한 화신불, 수많은 스님네 등 성문 대중과 여러 천인들을 거느리고 칠보 궁전에서 나투시느니라.

그 중에 관세음보살은 금강대를 가지고 대세지보살과 함께 수행자 앞에 이르고, 아미타 부처님께서는 찬란한 광명을 나투시어 그 수행자의 몸을 비추시며, 여러 보살

---

115. 회향발원심(回向發願心)/ 과거·현재에서 자기가 지은 선근공덕을 왕생정토하는 한 가지에 회향하며, 이로써 왕생하기를 원하는 마음.

들과 함께 손을 내밀어 수행자를 영접하시느니라.

그때 관세음보살과 대세지보살은 다른 수많은 보살들과 함께 그 수행자를 찬탄하고 그를 격려하느니라. 그래서 수행자는 환희에 넘쳐 뛸 듯 기뻐하며 스스로 자기 몸을 돌아보면, 자기는 이미 금강대를 타고 부처님의 뒤를 따르고 있으며, 순식간에 극락세계에 왕생하느니라.

그래서 극락세계에 태어나면 상호가 원만하신 부처님의 모습을 뵈옵고, 또한 보살들의 훌륭한 모습을 보게 되느니라. 그리하여 광명이 찬란한 보배나무에서 울려나오는 미묘한 법문을 들으면, 생사의 이치를 깨닫는 무생법인의 진리를 깨닫게 되느니라.

그리고 잠시 동안에 두루 시방세계를 다니면서 여러 부처님을 예배 공경하고, 여러 부처님 앞에서 장차 깨달음을 이루어 자신도 성불하리라는 수기를 차례로 받는다.

그리고 다시 극락세계에 돌아와서 헤아릴 수 없는 신통지혜인 다라니문[116]을 얻느니라.

이러한 것을 상품상생한다고 하느니라.

2. 상품중생

상품중생이란 반드시 대승경전을 배우고 독송하며, 외

---

116. 다라니문(陀羅尼聞)/ 귀로 한 번 들은 것을 잊어버리지 않는 경지.

우지 않는다고 하더라도 능히 대승의 뜻을 알고 그 근본 진리에 있어서 마음이 놀라지도 두려워하지도 않는 것이다. 그리고 마음 깊이 인과의 도리를 믿어 대승을 비방하지 않으며, 이러한 공덕을 회향하여 극락세계에 태어나기를 서원하는 이를 말한다. 이와 같은 수행자가 그 목숨이 다하려 할 때에는 아미타 부처님께서 관세음보살과 대세지보살, 헤아릴 수 없이 많은 대중 권속들을 거느리고, 자마금 연화대를 가지고 그 수행자 앞에 나투시느니라.

그리고는 이렇게 칭찬하신다.

'진리의 아들아, 그대는 대승법을 행하고 그 근본 뜻을 알았으니, 이제 내가 직접 그대를 맞이하노라.'

그리고는 일천의 화신불과 함께 동시에 손을 내미시느니라.

그때 수행자가 자신을 돌아보면, 자기는 이미 자마금의 연화대에 앉아 있느니라. 수행자는 합장하여 여러 부처님을 찬탄하고, 한 생각 동안에 바로 저 극락세계의 칠보 연못 연화대 위에 태어나느니라.

이 자마금의 연화대는 큰 보배 꽃과 같은데, 하룻밤 사이에 그 보배꽃이 피어나면 수행자의 몸은 자마금색으로 빛나고 그 발밑에도 또한 칠보의 연꽃이 있느니라.

그리고 부처님과 보살들이 다 함께 광명을 발하시어 수행자의 몸을 비추면, 바로 눈이 열리고 마음이 밝아지느니라. 그리고 과거 숙세에 대승법을 다룬 공덕으로 말미암아, 극락세계의 바람소리·새소리·물소리들이 다 한결같이 깊고 위없는 부처님의 가르침을 설하는 것을 알아들을 수 있느니라.

그래서 수행자는 바로 연화대에서 내려와 부처님을 향해 합장 예배하며, 찬탄하여 마지않느니라. 이와 같이 하여 이레가 지나면, 바로 위없는 바른 진리를 깨닫고 다시는 물러남이 없는 불퇴전의 자리에 들게 되느니라.

그리고 자유자재로 시방세계를 두루 날아다니며 여러 부처님을 섬기고, 또한 여러 부처님들 또한 여러 부처님들이 계시는 곳에서 모든 삼매를 닦아, 한 소겁이 지나면 무생 법인을 얻느니라. 그래서 친히 부처님으로부터 성불할 것이라는 수기를 받느니라.

이러한 것을 상품중생이라 하느니라.

3. 상품하생

상품하생이란 이런 이들이다. 인과의 도리를 믿고 대승의 가르침을 비방하지 않으며, 오직 위없는 도를 구하는 마음을 일으키고, 이러한 공덕을 회향하여 극락세계에 태어나고자 간절히 원하는 이를 말함이니라. 이런 수행자가 목숨이 다할 때에는 아미타 부처님께서 관세음보살, 대세지보살을 비롯한 여러 권속들과 함께 호아금의 연꽃을 들고 5백의 화신불을 나투시어 그를 맞으시느니라.

그 때 5백의 화신불은 모두 함께 동시에 손을 내미시어, 그 수행자를 칭찬하여 말씀하신다.

'진리의 아들아, 그대는 이제 청정하게 위없는 진리를 구하는 마음을 내었기에 내가 와서 맞이하느니라.'

수행자가 이러한 일을 뵈옵고 자기 몸을 돌아보면 이미 황금의 연못 위에 앉아 있느니라. 그러나 그 순간 연꽃은 오므라들고, 부처님을 따라서 칠보 연못에 왕생하느니라.

그리하여 밤낮, 하루를 지나지 않아 연꽃은 다시 피어나고, 7일 동안에 부처님을 뵈올 수 있느니라. 그러나 아직 부처님의 모든 상호를 분명히 뵈올 수 없으며, 21일이 지난 다음에야 분명히 뵈올 수 있느니라. 그리고 들려오는 모든 음성들이 다 한결같이 미묘한 법문을 설하는 것을 알 수 있느니라.

그리고 시방세계를 두루 다니면서 여러 부처님을 공양하고, 부처님으로부터 깊고 미묘한 법문을 듣느니라. 이와같이 하여 3소겁이 지나면 온갖 도리를 깨닫고 환희지[117]에 머물게 되느니라. 이러한 것을 상품하생이라 말하여, 위에 말한 바 상품상생과 상품중생과 상품하생의 세 가

---

117. 환희지(歡喜地)/ 보살십지의 제1위. 욕계번뇌를 여의고 진리를 깨달아 큰 환희심을 얻는 자리.

지로 극락에 왕생함을 상배관이라 하고 열네 번째 관이
라 하느니라."

제19장. 중배관

1. 중품상생

　부처님께서 다시 아난과 위제희 부인에게 말씀하셨다.
　"중품상생하는 이란, 오계[118]와 팔계[119]와 다른 모든 청
정한 계율을 지키며, 오역죄[120]를 범하지 않은 이다. 아무
런 허물이 없는 이러한 공덕을 회향하여 저 극락세계에 태
어나고자 원하는 이를 말하느니라. 이와 같은 수행자가
목숨을 다할 때, 아미타 부처님께서 여러 비구들과 권속
들에 둘러싸여 금색광명을 비추어 그 사람 앞에 나투시느
니라.
　그리고는 현세의 괴롭고 허무하고 무상하며, 무아인 진
리를 설하신다.

---

118. 오계(五戒)/ ①살아있는 목숨을 죽이지 말라. ②훔치지 말라. ③음행하지 말라.
　　④거짓말 하지 말라. ⑤술마시지 말라.
119. 팔계(八戒)/ 오계 외에 다음 세 가지 것이 있다. ⑥꽃다발 쓰거나 향 바르고 노래
　　하고 춤추며, 가서 구경하지 말라. ⑦높고 넓고 크며 잘 꾸민 평상에 앉지 말라.
　　⑧정오가 넘으면 먹지 말라.
120. 오역죄(五逆罪)/ ①아버지를 죽이는 이. ②어머니를 죽이는 이. ③아라한을 죽이
　　는 이. ④부처님 몸에 상처를 내는 이. ⑤화합 승가를 파괴하는 이.

그리고는 진리를 구하여 출가한 이가 모든 괴로움을 벗어나는 일을 찬탄하시느니라.

그 수행자는 부처님을 뵈옵고 법문을 듣고 나서, 환희에 사무쳐 스스로 자기 몸을 돌아보면, 자신은 이미 연화대에 앉아 있느니라. 수행자는 곧 무릎을 꿇고 합장하여 부처님께 예배를 드리느니라. 수행자는 미처 머리를 들기도 전에 벌써 극락 세계에 왕생하였으며, 그 때 바로 그를 싸고 있던 연꽃이 피어나는데, 연꽃이 활짝 피자 바람소리와 물소리, 새소리 등 모든 음성들이 한결 같이 사제[121]의 미묘한 법문으로 찬탄하는 것을 알아들을 수 있느니라. 이 때 수행자는 바로 아라한의 깨달음을 얻고, 삼명[122]과 육신통이 열리며, 여덟 가지 걸림 없는 해탈을 갖추게 되느니라.

이러한 것을 중품상생이라 하느니라.

2. 중품중생

중품중생하는 이란 밤낮, 하루 동안 팔재계나 사미계를 지키거나 혹은 구족계를 지켜서 그 행동과 예의가 조금의 부족함도 없고, 이러한 공덕을 회향하여 극락세계에

---

121. 사제(四諦)/ 고·집·멸·도 사성제(四聖諦)라고도 하는 부처님 최초의 가르침
122. 삼명(三明)/ 불타와 아라한이 가지고 있는 3종의 신통. ①숙명명(宿命明) ②천안명(天眼明) ③누진명(漏盡明).

태어나고자 원하는 사람을 말하느니라. 이와 같은 계행의 향기가 몸에 밴 수행자는, 목숨을 마칠 때 아미타 부처님께서 많은 권속을 거느리시고 금색 광명을 비추시며, 연꽃을 가지고 수행자 앞에 직접 나투심을 뵐 수 있다.

이 때 수행자는 허공에서 그를 칭찬하는 이런 소리를 듣는다.

'착한이여! 그대와 같이 선량한 사람은 시방삼세 모든 부처님의 가르침에 순종하고 따랐기 때문에 내가 와서 그대를 맞이하노라.'

이 말씀을 듣고 수행자가 스스로를 돌아보면, 자신은 이미 연꽃 위에 앉아 있으며, 그 순간 연꽃은 이내 오므라져 서방 극락세계의 보배연못 가운데 태어나느니라.

그래서 7일이 지나면 연꽃이 다시 피는데, 그 때에 이르러 수행자의 마음의 눈도 열리느니라.

수행자는 합장하여 부처님을 찬탄하고 예배하여 부처님의 법문을 듣고는 기쁨에 넘쳐, 바로 수다원[123]의 깨달음을 얻느니라. 그리고 반 겁이 지난 뒤에는 아라한이 되느니라. 바로 이것이 중품중생이다.

---

123. 수다원/ 성문사과의 하나. '예류'라고도 한다. 성자로서 최초의 경지에 들어선 이.

3. 중품하생

중품하생이란 이런 이를 말함이다. 선량하여 부모에게 효도하고, 세상 사람들에게 인자하게 행동한 사람이다.

이런 사람이 그 목숨이 다하려 할 때, 선지식[124]을 만나서 아미타 부처님의 땅인 극락세계에 안락하고 장엄한 일들과 법장비구의 48대원에 대한 자세한 설법을 듣고, 이 세상을 떠나면, 마치 힘센 장사가 팔을 한번 굽혔다가 펴는 것 같은 짧은 동안에 바로 극락세계에 태어나느니라.

그리고 태어난 지 7일이 지나면, 관세음보살과 대세지보살을 만나서 법문을 듣고 기뻐하며, 다시 한 소겁이 지나면 아라한이 되느니라. 이러한 것을 중품하생이라 말한다.

앞서 말한 중품상생과 중품중생, 그리고 중품하생의 세 가지로 각각 왕생함을 일러 중배관이라 하고, 또한 열다섯 번째 관이라 하느니라."

제20장. 하배관

1. 하품상생

부처님께서 아난과 위제희 부인에게 말씀하셨다.

---

124. 선지식(善知識)/ 바른 법을 설해 사람을 인도하고, 불도에 들게 해 해탈을 얻게 하는 사람. 남녀 노소를 막론하고 또 빈부 귀천을 가리지 않고 모두 불연을 맺게 하는 이.

"하품상생하는 이란 가지가지의 악업을 짓는 중생을 말한다. 비록 대승의 경전을 비방하지는 않는다고 하여도 어리석기 때문에 온갖 나쁜 짓을 하면서 참회하고 부끄러워할 줄 모르는 사람이니라. 이런 사람이 목숨을 다할 즈음에, 선지식을 만나면 12부 경전의 제목을 찬탄하는 소리를 듣게 되느니라.

그래서 그는 여러 경전의 이름을 들은 공덕으로, 천 겁 동안 지은 지극히 무거운 죄업을 없애느니라. 또 지혜로운 사람이 그에게 항상 합장 공경하여 아미타 부처님을 간절히 부르라 가르친다. 그 사람이 그 말대로 정성껏 아미타 부처님을 부르면, 그 염불공덕으로 50억 겁 동안에 생사를 헤매는 무거운 죄를 없애느니라.

그 때 아미타 부처님께서는 곧 화신불과 화신 관세음보살과 화신 대세지보살을 이 사람 앞에 보내시어 이렇게 칭찬하시느니라.

'착한이여! 그대는 부처님의 이름을 부른 공덕으로 여러 가지 많은 죄업이 소멸되어 내가 그대를 맞이하러 왔노라.'

이 말씀이 끝나자마자 수행자는 홀연 화신불의 광명이 그의 방안에 가득 찬 것을 보고 기쁨에 넘쳐 이내 목숨을 마치느니라.

그리하여 보배연꽃을 타고 화신불의 뒤를 따라 보배연

못 가운데 태어나느니라.

그래서 49일이 지나면 그 연꽃이 피느니라. 연꽃이 피어나면, 자비로운 관세음보살과 대세지보살이 찬란한 광명을 비추며 그 사람 앞에 와서 깊고 미묘한 12부경을 설법하느니라.

그는 법문을 듣고 나서 깊이 믿고 받들며, 위없는 보리심을 내느니라.

그리고 다시 10소겁을 지나서, 모든 도리를 밝게 깨닫는 지혜인 백법명문[125]을 갖추고 보살 십지의 첫 자리인 환희지에 들게 되느니라.

이러한 것을 하품상생하는 것이라 말하는데, 이와 같이 부처님과 불법과 불제자 등 삼보의 이름을 듣고, 그 삼보의 이름을 들은 공덕으로 바로 극락세계에 왕생하느니라.”

2. 하품중생

부처님께서 다시 아난과 위제희 부인에게 말씀하셨다.

“하품중생하는 이란 다음과 같은 이다. 오계나 팔재계, 구족계 등 모든 계율을 범하고, 어리석은 탓으로 승단이나 스님네의 물건을 훔치며, 자기의 명예와 이욕을 위해

---

125. 백법명문(百法明門)/ 일체 밝은 법문으로 그릇됨이 없는 모든 도리.

허무맹랑한 부정설법[126]을 하면서도 뉘우치고 부끄러워할 줄 모르는 이, 갖가지의 악업을 짓고도 오히려 자기 스스로는 옳고 장하다고 뽐내는 사람을 말하느니라. 이처럼 죄 많은 사람은 그 악업의 과보로 마땅히 지옥에 떨어질 수밖에 없다.

그래서 숨을 거두려 할 때엔 지옥의 맹렬한 불길이 일시에 몰려들게 되느니라.

그러나 이 때 선지식을 만나게 되면 선지식은 크나큰 자비로써 이 사람을 위해 아미타 부처님의 열 가지 위덕과 그 광명의 부사의한 신통력을 말해 준다.

그러면 이 사람은 그 법문을 듣고 80억 겁 동안 생사에서 헤매는 무거운 죄업을 벗어나게 되느니라. 그리하여 지옥의 맹렬한 불길은 맑고 시원한 미풍으로 변해, 갖가지 아름다운 천상의 꽃을 날리느니라. 그리고 그 모든 꽃 위에 한 송이마다 화신불과 화신보살이 있어 이 사람을 맞이하느니라.

그래서 그는 순식간에 바로 극락세계에 왕생하여 칠보 연못의 연꽃 속에 태어나느니라.

그리하여 그 속에서 여섯 겁이 지나면 연꽃이 피는데, 그

---

126. 부정설법(不淨說法)/ 불교를 빙자하여 자기 명예나 이익을 구하고자 하는 설법.

때 관세음보살과 대세지보살은 청정한 음성으로 그를 안위한다. 그리고 그를 위하여 대승의 깊고 미묘한 경전을 설법하느니라. 그는 이 법문을 듣고 불현 듯 위없는 진리를 깨닫고자 하는 보리심을 내느니라.

이러한 것을 하품중생이라 하느니라."

3. 하품하생

부처님께서 아난과 위제희 부인에게 말씀하셨다.

"하품하생이란 매양 악업을 짓는 중생이다. 오역죄와 십악 등 갖가지의 악업을 지어 그 무거운 죄의 과보로 마땅히 지옥, 아귀, 축생 등 삼악도에 떨어져 오랜 겁 동안 한량없는 괴로움을 받을 사람을 말하느니라. 그러나 이처럼 어리석은 사람도 숨을 거두려 할 때 선지식을 만나면 그를 위하여 선지식은 여러 가지 위로를 하여 편안한 마음을 갖도록 하고, 미묘한 법문을 들려주어 지성으로 부처님을 생각하도록 가르쳐 주느니라.

그러나 그는 괴로움이 극심하여 부처님을 생각할 겨를이 없느니라. 그래서 선지식은 다시 그에게 말하노라.

'그대가 만약 부처님을 생각할 수 없다면, 그저 아미타 부처님만을 부르도록 하라.'

그래서 이 사람은 지성으로 그치지 않고 아미타 부처님을 열 번만 온전히 부르면, 그 공덕으로 이 사람은 염불하는 동안에 80억 겁 동안 생사에 헤매는 무거운 죄업을 없애느니라. 그리고 목숨을 마칠 때는 마치 태양처럼 찬란한 황금연꽃이 그 사람 앞에 나타나느니라. 그래서 그는 순간에 바로 보배연못의 연꽃 속에서 태어나느니라.

이 연꽃은 12대겁이 지나면 피어나는데, 그 때 관세음보살과 대세지보살은 자비로운 음성으로 그를 위하여 일체 만법의 참다운 실상과 모든 죄업을 소멸케 하는 법문을 자세히 일러 주느니라. 그래서 그는 미묘한 진리를 듣고, 기쁨에 넘쳐 불현 듯 위없는 진리를 구하는 보리심을 내느니라.

이러한 것을 하품하생이라 말하고, 앞에서 말한 하품상생과 하품중생을 더해 세 가지로 극락에 왕생하는 법을 하배관이라 하고, 열여섯 번째 관이라 하느니라."

제21장. 법문을 들은 공덕

부처님께서 이와 같이 극락세계를 관조하는 16관법의 법문을 설하시자, 위제희 부인은 5백 시녀들과 함께 부처님의 설법을 듣고, 바로 극락세계의 광대하고 장엄한 모양을 볼 수 있었다. 그리고 아미타 부처님과 관세음보살, 대세지보살을 뵈옵고 마음이 환희에 넘쳐, 일찍이 없었던 거룩한 일이라 찬탄하여 마지않았다. 그리고 마음이 밝게 열리고 크게 깨달아서 무생법인을 얻었다. 또한 5백 명의 시녀들도 위없는 진리를 구하는 보리심을 내고, 극락세계에 왕생하기를 간절히 서원하였다.

그 때 부처님께서는 시녀들에게 말씀하셨다.

"그대들도 마땅히 극락세계에 태어날 것이다. 그곳에 태어나면 모든 부처님이 그대들의 앞에 나투시는 삼매를 얻게 되느니라."

이런 말씀으로 수기하셨다.

이 때에 이르러 이루 헤아릴 수 없는 많은 천인들도 위없는 진리를 구하는 보리심을 발하였다.

제22장. 부처님의 당부

이때 아난은 자리에서 일어나 부처님께 나아가 여쭈었다.

"부처님이시여! 이번에 설하신 이 경의 이름은 무엇이라 하리까? 또 법문의 중요한 뜻을 어떻게 마음에 새겨야 하겠습니까?"

부처님께서는 아난에게 말씀하셨다.

"이 경의 이름은 '극락세계의 무량수불(아미타 부처님), 관세음보살, 대세지보살을 관하는 경'이라 하고, '업장을 말끔히 없애고 부처님 앞에 태어나는 경'이라고 하라. 그리고 그대는 잘 기억하여 잊지 않도록 명심하라.

이 경에서 말한 삼매를 닦는 사람은 바로 이 몸으로 아미타 부처님과 관세음보살, 대세지보살을 볼 수 있느니라.

선남선녀가 부처님과 두 보살의 이름만 들어도, 무량겁 동안 생사를 헤매는 죄업이 소멸될 것이다. 하물며, 부처님의 지혜 공덕을 깊이 생각하는 큰 공덕에 있어서랴.

잘 알아 두어라. 항상 부처님을 생각하는 사람은 사람들 가운데 가장 순결한 연꽃이니라. 그래서 관세음보살과 대세지보살은 그에게 좋은 친구가 되며, 그는 항상 진리를 떠나지 않고, 필경에 깨달음을 얻어 성불하게 되느니라."

부처님께서 거듭 아난에게 타일러 말씀하셨다.

"그대는 이와 같은 말을 잘 들어야 하느니라. 이러한 말이란 다름이 아닌, 바로 아미타 부처님의 이름을 항상 생각하는 일이니라."

부처님께서 이 말씀을 하실 때, 목건련존자와 아난존자, 그리고 위제희 부인 그 모두가 크게 기뻐하였다. 부처님께서는 왕사성의 위제희 부인 처소에서 설법을 마치시고, 허공을 지나 기사굴산으로 돌아오셨다.

부처님의 뒤를 따라 기사굴산으로 돌아온 아난은 대중을 위하여 앞에 말씀하신 부처님의 법문을 자세히 알려 주었다. 그래서 헤아릴 수 없는 여러 천인과 용과 야차 귀신들이 이 법문을 들었다. 그리고는 모두가 다 더 없는 기쁨에 넘쳐 부처님께 예배하고 물러갔다.

대쎄지보살 염불원통장

대세지법 왕자가 서방정토에서 같이 온 52보살과 더불어 자리에서 일어나 부처님 발에 절하고 부처님께 말씀드리되, "제가 기억하옵건대, 과거 항하사 겁 전에 부처님께서 세상에 오셨는데 그 부처님의 이름을 '무량광'이라고 하셨습니다. 열두 분의 무량광 부처님이 일 겁씩 이어 오셨고, 그 최후의 부처님이 초일월광불이셨습니다. 그 부처님께서 저에게 염불삼매를 가르쳐 주시되,

'비유하자면, 한사람은 전적으로 생각하고, 한사람은 전적으로 잊어버리고 있다면, 이 두 사람은 만나도 만나지 못하고 서로 보더라도 보지 못한다. 그런데 두 사람이 서로 생각하여 두 사람의 생각이 깊어진다면, 이 두 사람은 세세생생토록 그림자가 형상을 따르듯 서로 어긋나지 않는다. 시방세계의 여래께서는 중생을 가엾게 여기시길 마치 어머니가 아들 생각하는 것과 같다.
그러나 아들이 어머니로부터 도망쳐 달아난다면 어머니가 아들을 생각한들 무슨 소용이 있겠는가?

그런데 아들이 어머니 생각하길 어머니가 아들 생각하 듯 한다면, 어머니와 아들은 여러 생을 지내면서도 서로 어긋나거나 멀리 떨어지지 않는다.

만약 중생의 마음에 부처님을 기억하고 생각한다면 지금이나 미래에 반드시 부처님을 뵈옵게 되며, 부처님과 그리 멀리 떨어져 있지 않다. 그런 중생은 방편을 빌리지 않고 자연히 마음이 열린다. 이는 마치 향기 묻은 사람의 몸에서 향기가 나는 것과 같다. 이것을 일러 향광장엄이라 한다.'고 하셨습니다.

저는 인지에서 수행을 할 때 염불하는 마음으로 무생법인에 들어갔나이다. 지금은 이 사바세계에서 염불하는 이들을 모두 거두어 서방정토로 돌아가게 하나이다.

부처님께서 저에게 원통의 방법을 물으시매, 저는 아무런 다른 선택이 없고 오로지 육근을 모두 추슬러 깨끗한 염불심을 계속 이어가서 삼마지를 얻는 그것이 제일이나이다." 라고 하였다.

보현행원품

　보현보살이 부처님의 수승공덕을 찬탄하고 나서 여러 보살과 선재동자에게 말씀하셨다.

　"선남자여, 여래의 공덕은 비록 시방세계 모든 부처님께서 수없이 많은 세월을 두고 계속하여 말씀하시더라도 다 말씀하지 못한다. 만약 이러한 공덕을 성취하고자 하려면 마땅히 열 가지 큰 행원을 닦아야 한다. 그 열 가지 행원이란 무엇인가. 첫째 모든 부처님께 예배하고 공경하는 것이요, 둘째 부처님을 찬탄하는 것이요, 셋째 널리 공양하는 것이요, 넷째 지은 허물을 참회하는 것이요, 다섯째 남이 짓는 공덕을 함께 기뻐하는 것이다. 여섯째 설법해 주기를 청함이요, 일곱째 부처님이 이 세상에 오래 계시기를 청함이요, 여덟째 언제나 부처님을 본받아 배움이요, 아홉째 항상 중생을 따르는 것이요, 열째 지은 바 모든 공덕을 모두 다 돌려주는 것이다."

　선재동자가 물었다.

　"거룩하신 이여, 어떻게 예배하고 공경하며 어떻게 돌려

주어야 합니까?"

보현보살이 선재동자에게 말씀하셨다.

"선남자여, 모든 부처님께 예배하고 공경한다는 것은 법계[127]·허공계·시방삼세 모든 부처님 세계의 많은 부처님을 보현의 수행과 서원으로 깊은 믿음을 내어 눈앞에 계신 듯 받들고 청정한 몸과 말과 뜻을 다해 항상 예배하고 공경하되, 한 분 한 분 부처님 계신 곳에 수없이 많은 몸을 나타내어 수많은 부처님께 두루 예배하고 공경하는 것이다. 허공계[128]가 다하면 나의 예배와 공경도 다하겠지만, 허공계가 다할 수 없으므로 나의 예배와 공경도 다함이 없다.

이와 같이 중생계가 다하고 중생의 업이 다하고 중생의 번뇌가 다하면 나의 예배와 공경도 다하겠지만, 중생계와 중생의 번뇌가 다함이 없으므로 나의 예배와 공경도 다함이 없다. 생각이 계속되어 끊임없어도 몸과 말과 뜻으로 짓는 일에 지치거나 싫어함이 없다.

선남자여, 또한 부처님을 찬탄한다는 것은 무엇인가.

모든 법계·허공계·시방삼세의 불국토에 수없이 많은

---

127. 법계(法界)/ ①계(界)는 인(因)이란 뜻. 법은 성법(聖法)이니 성법을 내는 원인이 됨. ②계는 성(性)이란 뜻. ③계는 분재(分齋)란 뜻.
128. 허공계(虛空界)/ 진여(眞如)를 이름. 빛도 모양도 없으며 일체만유를 온통 휩싸고 있는 것이 허공과 같으므로 이렇게 이름.

부처님이 계시고, 그 한 분 한 분 부처님 계신 곳마다 한량없는 보살들이 둘러싸 모시고 있다. 그 분들을 내가 마땅히 깊고 뛰어난 지혜로써 눈앞에 나타난 듯 알아보고 변재천녀[129]보다도 더 뛰어난 변재로써 부처님의 한량없는 모든 공덕을 찬탄하며, 미래세가 다하도록 계속하여 끊이지 않고, 끝없는 법계에 두루하는 것이다.

이와 같이 하여 허공계가 다하고 중생계가 다하고 중생의 업이 다하고 중생의 번뇌가 다하면 나의 찬탄도 다하겠지만, 허공계와 중생의 번뇌가 다함이 없으므로 나의 찬탄도 다함이 없다. 생각이 계속되어 끊임없어도 몸과 말과 뜻으로 짓는 일에 지치거나 싫어함이 없다.

선남자여, 또한 널리 공양한다는 것은 무엇인가.

온 법계·허공계·시방삼세 모든 불국토에 수없이 많은 부처님이 계시고, 한 분 한 분 부처님 계신 곳마다 한량없는 보살들이 둘러싸 모시고 있다. 나 보현의 행원과 서원의 힘으로 깊은 믿음과 지혜를 일으켜 눈앞에 계신 듯 받들고, 여러 가지 훌륭한 음식들로 공양한다. 이른바 꽃과 꽃 나래와 천상의 음악과 천산개운이며 옷과 여러 가지 하늘의 향인 바르는 향, 사르는 향, 가루향 등 이와 같

---

129. 변재천녀(辨才天女)/ 노래와 음악을 맡은 여인. 걸림이 없는 변재가 있어 수명증익(壽命增益). 원적퇴산(怨敵退散), 재보만족(財寶滿足)의 이익을 준다고 함.

은 것들이 각각 수미산[130]만하다. 또한 여러 가지 등을 켜는 등불은 우유등·기름등·향유등 인데, 등의 심지는 각각 수미산 같고 기름은 바닷물과 같다. 이러한 여러 가지 공양거리로 항상 공양하는 것이다.

선남자여, 그러나 모든 공양 가운데는 법공양이 가장 으뜸이다. 부처님 말씀대로 수행하는 공양과 중생들을 이롭게 하는 공양과 중생을 거두어주는 공양과 중생의 아픔을 대신 받는 공양과 착한 일을 하는 공양과 보살의 할 일을 버리지 않는 공양과 보리심[131]을 여의지 않는 공양이 바로 그것이다.

선남자여, 앞에 말한 많은 공양으로 얻는 공덕을 잠깐 동안 쌓은 법공양의 공덕에 비교한다면 백분의 일에도 미치지 못하며, 천분의 일에도 미치지 못하며 백천만억 분의 일에도 미치지 못한다. 왜냐하면, 모든 부처님께서는 법을 존중하기 때문이며, 부처님 말씀대로 수행함이 많은 부처님을 나게 하는 까닭이며, 또한 보살들이 법공양을 행하면 이것이 곧 부처님께 공양하는 것과 다름없기 때문이다. 이러한 수행이 참다운 공양이다. 넓고 크고 가장 훌륭

---

130. 수미산(須彌山)/ 4주 세계의 중앙. 금륜(金輪) 위에 솟은 높은 산. 둘레에 7산(山) 8해(海)가 있고 그 밖에 철위산이 둘러 있으며 물 속에 잠긴 것이 8만 유순, 물 위에 드러난 것이 8만 유순이며 꼭대기는 제석천, 중턱은 4왕천의 주처(主處)라 함.
131. 보리심(菩提心)/ 불과(佛果)에 이르러 깨달음의 지혜를 얻고자 하는 마음.

한 공양은 허공계가 다하고 중생계가 다하고 중생의 업이 다하고 중생의 번뇌가 다하면 나의 공양도 다할 것이다. 그러나 허공계와 중생의 번뇌가 다할 수 없으므로 나의 이 공양도 다하지 않는다. 이처럼 순간마다 생각이 계속 되어 끊임없어도 몸과 말과 뜻으로 짓는 일에 지치거나 싫어함이 없다.

선남자여, 지은 허물을 참회한다는 것은 무엇인가.

보살은 스스로 생각하기를,

'내가 지금까지 오랜 세월 동안 살아오면서 탐내는 마음과 성내는 마음과 어리석은 마음으로 말미암아 몸과 말과 뜻으로 지은 모든 악한 업이 한량없고 끝이 없어, 만약 이 악업이 형체가 있다면 끝없는 허공으로도 그것을 다 받아들일 수 없을 것이다. 내 이제 청정한 삼업[132]으로 법계에 두루 계시는 부처님과 보살들 앞에 지성으로 참회하고, 다시는 악한 업을 짓지 않으며 항상 청정한 계율의 모든 공덕에 머물러 있으리라' 하는 것이니라.

이와 같이 하여 허공계가 다하고 중생계가 다하고 중생의 업이 다하고 중생의 번뇌가 다하면 나의 참회도 다할 것이다. 그러나 허공계와 중생의 번뇌가 다할 수 없으므로 나의 참회도 다하지 않는다. 이처럼 생각이 순간마

132. 삼업(三業)/ 몸(身)·말(口)·뜻(意)으로 짓는 세 가지 업.

다 계속되어 끊임없어도 몸과 말과 뜻으로 짓는 일에 지치거나 싫어함이 없다.

선남자여, 또한 남이 지은 공덕을 기뻐한다는 것은 무엇인가.

온 법계·허공계·시방삼세 불국토의 수많은 부처님께서 처음 발심하신 때로부터 모든 지혜를 위하여 부지런히 복덕을 닦을 때 몸과 목숨을 돌보지 않으셨다. 또한 수없이 많은 세월을 지나면서 그 세월 속에서 머리와 눈과 손발까지도 아낌없이, 헤아릴 수 없이 많은 보시를 했다. 또 이와 같은 행하기 힘든 고행을 하면서 여러 가지 바라밀문[133]을 원만히 갖추었고, 보살의 지혜를 증득해 들어가 모든 부처님의 가장 훌륭한 보리를 성취하였으며, 열반에 든 뒤에 사리를 나누어 공양했다. 이와 같은 모든 착한 일을 내가 다 따라 기뻐하며 갈래 길에서 태(胎)·난(卵)·습(濕)·화(化) 네 가지로 생겨난 중생들이 짓는 털끝만한 공덕일지라도 모두 같이 기뻐한다. 시방삼세의 일체 성문과 벽지불[134] 배우는 이나 더 이상 배울 것이 없는 이의 모든 공덕

---

133. 바라밀문(波羅蜜門)/ 바라밀의 법문. 즉 도를 말함. 바라밀은 미(迷)인 이 언덕에서 깨침인 저 언덕에 이른다는 뜻이니 보살이 닦는 행(行)을 말함. 육바라밀·십바라밀·사바라밀 등이 있음.
134. 벽지불(辟支佛)/ 독각(獨覺)이라고도 함. 부처님의 가르침에 의지하지 않고 스스로 도를 깨치고 설법이나 교화를 하지 않음. 성문(聲聞)과 더불어 이승(二乘)의 하나.

도 내가 함께 기뻐하며, 모든 보살들이 행하기 어려운 고행을 하면서 가장 높은 진리를 구하던 그 넓고 큰 공덕 또한 내가 모두 함께 기뻐한다.

이와 같이 하여 허공계가 다하고 중생계가 다하고 중생의 업이 다하고 중생의 번뇌가 다하여도 나의 이 함께 기뻐함은 다하지 않는다 했다. 이처럼 생각이 순간마다 계속 되어 끊임없어도 몸과 말과 뜻으로 짓는 일에 지치거나 싫어함이 없다.

선남자여, 또한 설법해 주기를 청한다는 것은 무엇인가.

온 법계·허공계·시방삼세 불국토의 아주 작아 미미한 것에도 각각 수많은 부처님 세계가 있으니, 이 낱낱 세계에서 잠깐 동안에 수없이 많은 부처님들에게서 바른 깨달음을 이루시고 여러 보살들에 둘러싸여 계신다. 그 때 내가 그 모든 부처님께 몸과 말과 뜻의 여러 가지 방편으로 설법해주시기를 청하는 것이다.

이와 같이 하여 허공계가 다하고 중생계가 다하고 중생의 업이 다하고 중생의 번뇌가 다해도 내가 모든 부처님께 항상 바른 법 설하여 주시기를 청하는 것은 다함이 없을 것이다. 이처럼 생각이 순간마다 계속되어 끊임없어도 몸과 말과 뜻으로 짓는 일에 지치거나 싫어함이 없다.

선남자여, 부처님께 이 세상에 오래 계시기를 청한다는

것은 무엇인가.

온 법계·허공계·시방삼세 모든 불국토의 수많은 부처님께서 장차 열반에 드시려 하거나 또는 모든 보살과 성문·연각[135]의 배우는 이와 더 배울 것이 없는 이와 모든 선지식들에게 두루 청하길 '열반에 들지 말고 수없이 오랜 세월이 지나도록 세상에 머물면서 일체중생을 이롭게 해주소서' 하는 것이다.

이와 같이 하여 허공계가 다하고 중생계가 다하고 중생의 업이 다하고 중생의 번뇌가 다해도 나의 이 권청은 다하지 않는다. 이처럼 생각이 순간마다 계속되어 끊임없어도 몸과 말과 뜻으로 짓는 일에 지치거나 싫어함이 없다.

선남자여, 항상 부처님을 본받아 배운다는 것은 무엇인가.

이 사바세계[136]에 오시기까지 법신인 부처님께서 처음 발심한 때로부터 정진하여 물러나지 않으시고 수없이 많은 몸과 목숨을 보시하고 살갗을 벗겨 종이를 삼고 뼈를 쪼개 붓을 삼고 피를 뽑아 먹물을 삼아서 경전 쓰기를 수미산만큼 하였다. 부처님은 법을 소중히 여기셨기 때문에

---

135. 성문(聲聞)·연각(緣覺)/ 성문은 소리를 듣는 사람이란 뜻으로 제자라고도 번역. 부처님의 말씀을 듣고 깨닫는 것을 가리킴. 성문·연각은 성문과 연각 이승(二乘)을 말함.
136. 사바세계(裟婆世界)/ 중생들이 사는 세계.

목숨도 아끼지 않았는데, 하물며 왕의 자리나 도시나 시골이나 궁전이나 정원 등의 일체 소유와 갖가지 하기 어려운 고행인들 무슨 문제가 될 수 있겠느냐. 보리수 아래에서 깨달음을 이루던 일이나 여러 가지 신통을 보이고 변화를 일으키며, 많은 대중이 모인 곳에서 여래의 화신(化身)을 나타내기도 하였다. 여러 보살이 모인 도량이나 혹은 성문과 벽지불이 모인 도량, 전륜성왕과 작은 나라의 왕과 그 권속들이 모인 도량, 혹은 찰제리·바라문·부호·거사들이 모인 도량, 심지어 천(天) 용(龍) 등 팔부신중과 사람과 사람 아닌 것 등이 모인 도량에서 우레와 같은 음성으로 법을 설하여 그들의 소원에 따라 중생을 성숙시키고 열반에 드셨다. 이와 같은 일들을 모두 내가 다 본받아 배운다. 지금의 부처님이신 비로자나불과 같이 하는 것이다.

　이처럼 온 법계·허공계·시방삼세 모든 불국토의 부처님들의 자취도 본받아 배운다.

　이와 같이 하여 허공계가 다하고 중생계가 다하고 중생의 업이 다하고 중생의 번뇌가 다해도 나의 이 본받아 배우는 일은 다함이 없을 것이다. 이처럼 생각이 순간마다 계속되어 끊임없어도 몸과 말과 뜻으로 짓는 일에 지치거나 싫어함이 없다.

　선남자여, 항상 중생의 뜻에 따른다는 것은 무엇인가.

온 법계·허공계·시방삼세에 있는 중생들이 여러 가지 차별이 있어 알에서 나고, 태(胎)나 습기에서 나고, 화에서 나기도 하는데, 그들은 땅과 물과 바람에 의지하여 살기도 하고 혹은 허공이나 풀과 나무에 의지하여 살기도 한다. 여러 가지 생류(生類)와 여러 가지 몸과 형상·모양·수명·종족·이름·심성·지견·욕망·뜻·행동·의복·음식 등으로 살아간다. 여러 마을과 성읍, 혹은 궁전에서 살기도 하며 그들은 또 천·용 등 팔부신중과 사람과 사람 아닌 것들이기도 하다. 발 없는 것, 두 발가진 것, 네 발가진 것, 여러 발가진 것, 형체 있는 것, 형체 없는 것, 생각 있는 것, 생각 없는 것, 생각 있는 것도 생각 없는 것도 아닌 것 등 이러한 여러 가지 중생들에게 내가 여러 가지로 따르고 섬기며 공양하기를 마치 부모와 같이 하고 스승이나 아라한이나 부처님과 조금도 다름없이 받든다. 병든 이에게는 어진 의사가 되어 주고, 길 잃은 이에게는 바른 길을 가리켜 주며, 어두운 밤에는 등불이 되고, 가난한 이에게는 재물을 얻게 한다. 이와 같이 보살이 평등하게 모든 중생을 이롭게 한다. 왜냐하면, 보살이 중생을 따르는 것은 곧 모든 부처님을 따르며 공양하는 것이 되고, 중생을 존중히 받들어 섬기는 것이 곧 부처님을 존중히 받들어 섬김이 되며, 중생을 기쁘게 하는 것은 곧 부처님을 기쁘게 하는 일이 된다. 모든 부처님께서는 자비심으로 근본을 삼기 때문이다. 중생으로 인하여 큰 자비심을 일으키고 자비심으로 인해 보리심을 내고 보리심으로 인해 깨달음을 이루는 것이다. 그것은 마치 넓은 벌판의 모래밭 가운데 서 있는 큰 나무의 뿌리가 물을 만나면 가지와 잎과 꽃과 열매가 모두 무성하듯이 생사광야의 보리수도 이와 같다. 즉 모든 중생으로 나무뿌리를 삼고 부처님이나 보살들은 꽃과 열매를 삼아 자비의 물로 중생을 이롭게 하면 지혜의 꽃과 열매를 맺게 된다. 왜냐하면 보살이 자비의 물로 중생을 이롭게 하면 곧 위없는 깨달음을 성취하는 까닭이다. 그러므로 보리는 중생에게 달린 것이며, 중생이 없다면 모든 보살은 끝내 깨달음을 이루지 못할 것이다.

선남자여, 그대는 이 이치를 분명히 알아야 한다. 중생에게 마음을 평등히 함으로써 능히 원만한 자비를 성취하고 자비심으로 중생을 따름으로써 곧 부처님께 공양을 드리는 것이다.

보살이 이와 같이 중생을 따라주어야 한다. 허공계가 다하고 중생계가 다하고 중생의 업이 다하고 중생의 번뇌가 다해도 나의 따르는 일은 다함이 없을 것이다. 이처럼 생각이 순간마다 계속되어 끊임없어도 몸과 말과 뜻으로 짓는 일에 지치거나 싫어함이 없다.

선남자여, 지은 공덕을 모두 다 돌려준다는 것은 무슨 뜻인가.

처음 부처님께 예배하고 공경하는 것으로부터 중생을 따르기까지의 그 모든 공덕을 온 법계·허공계의 모든 중생에게 남김없이 돌려보내어 중생으로 하여금 항상 안락하고 모든 병고가 없게 한다. 나쁜 짓은 하나도 이루어지지 않고 착한 일은 모두 다 속히 성취되며, 온갖 나쁜 길의 문은 닫아 버리고 인간이나 천상에나 열반에 이르는 바른 길은 활짝 열어 보인다. 모든 중생이 쌓아온 모든 악업으로 인하여 얻게되는 온갖 무거운 고통의 과보를 내가 대신 받으며, 그 중생이 모두 다 해탈을 얻고 마침내 더없이 훌륭한 보리를 성취하게 하는 것이다.

보살이 이와 같이 그 닦은 공덕을 모두 다 돌려준다. 허공계가 다하고 중생계가 다하고 중생의 업이 다하고 중생의 번뇌가 다해도 나의 이 돌려줌은 다하지 않을 것이다. 이처럼 생각이 순간마다 계속되어 끊임없어도 몸과 말과 뜻으로 짓는 일에 지치거나 싫어함이 없다.

선남자여, 이것으로 보살의 열 가지 큰 서원이 원만하게 갖추어진 셈이다. 만일 모든 보살들이 큰 서원을 따라 나아가면 능히 모든 중생을 성숙시키고 위없는 깨달음에 이르게 되며 보현보살의 모든 행원과 원력을 성취하게 될 것이다. 그러므로 선남자여, 그대는 이러한 이치를 분명히 알아야 한다.

만일 선남자, 선여인이 시방세계에 가득한 한량없고 끝

이 없어 이루다 말할 수 없는 부처님 세계에 가득 찬 가장 좋은 칠보와 또 인간과 천상에서 가장 훌륭한 안락으로써 모든 세계에 있는 중생들에게 보시하고 모든 세계의 부처님과 보살들에게 공양하기를 무량겁이 지나도록 계속하여 그치지 않는 그 공덕과 또 어떤 사람이 이 열 가지 원을 잠깐 동안 듣고 얻은 공덕을 비교한다면 앞의 공덕은 뒤의 것의 백분의 일도 되지 못하고, 천분의 일에도 미치지 못할 것이며 우바니사타분의 일에도 미치지 못하느니라.

또 어떤 사람이 깊은 신심으로 이 열 가지 원을 받아 지녀 읽고 외우거나 한 게송만이라도 베껴 쓴다면, 무간지옥에 떨어질 죄라도 즉시 소멸되고 이 세상에서 받은 몸과 마음의 모든 병과 모든 고뇌와 아주 작은 악업까지라도 모두 다 소멸될 것이다. 또한 온갖 마군과 야차[137]와 나찰[138] 등 피를 빨고, 살을 먹는 몹쓸 귀신들이 다 멀리 달아나거나 혹 착한 마음을 내어 가까이 와서 수호할 것이다. 그러므로 이 보현의 원을 몸소 행하는 사람은 어떤 세상을 다니더라도 마치 달이 구름에서 벗어나듯 조금도 거리낌이 없을 것이다.

---

137. 야차(夜叉)/ 팔부중의 하나로 큰 위세와 힘이 있으며 나찰과 함께 비사문천왕의 권속으로 북방을 지킴. 천(天)야차·지(地)야차·허공야차 등 3종이 있음.
138. 나찰(羅刹)/ 사람의 살과 피를 먹고 살며 공중을 날아다니기도 하는 극히 포악한 귀신.

또한 모든 부처님과 보살들이 칭찬하고, 모든 인간들과 천상 사람이 다 예배하고 공경하며 모든 중생이 두루 공경할 것이다. 그와 같은 선남자는 훌륭한 사람 몸을 받아서 보현보살의 모든 공덕을 원만히 갖추고 오래지 않아 보현보살과 같은 미묘한 몸을 성취하여, 32가지 대장부다운 모습을 갖출 것이다. 만약 인간이 천상에 태어나면 나는 곳마다 항상 좋은 가문에 태어날 것이고 능히 모든 악한 길을 깨뜨리고 나쁜 친구를 멀리하고, 외도(外道)를 다스리며 온갖 번뇌에서 해탈하여 마치 사자가 짐승들을 굴복시키는 것같이 할 것이며 모든 중생의 공양을 받을 것이다. 또 이 사람이 목숨을 마치는 마지막 찰나에 모든 육신은 다 흩어지고 친척과 권속들은 다 버리고 떠나게 되며, 모든 위엄과 세력도 다 사라지고 정승 대신과 궁성 안팎과 코끼리·말·수레와 보배와 재물들은 하나도 따라오지 못하지만 오직 이 열 가지 서원만은 떠나지 않고 항상 앞길을 인도하여 한 찰나 사이에 극락세계에 왕생하게 될 것이다. 왕생해서는 곧 아미타불과 문수사리보살·보현보살·관자재보살·미륵보살 등을 친견할 것이며 이 모든 보살들은 모습이 단정하고 공덕이 원만하여 함께 아미타불 곁에 둘러앉아 있을 것이다. 그때 그는 스스로가 연꽃 위에 나서 부처님으로부터 내생에 어떻게 될 것이라는 수기를 받게 될 것이다. 수기를 받고는 무수한 세월을 지나면서 널리 사방에 다니며 지혜의 힘으로 중생들의 마음을 따라 이롭게 할 것이다. 또한 오래지 않아 보리도량에 앉아서 마군을 항복받고 정각(正覺)을 이룰 것이며, 법문을 설하여 수없이 많은 중생으로 하여금 보리심을 내게 하고 그 근기와 성품에 따라 교화하여 성숙시키며 앞으로 오는 세상이 다하도록 널리 모든 중생을 이롭게 할 것이다.

선남자여, 저 모든 중생들이 이 열 가지 원을 듣고 믿고 다시 받아 지녀 읽고 외우고 남을 위해 설한다면 그가 지은 공덕은 부처님을 제외하고는 아무도 모를 것이다. 그러므로 그대들은 이 원을 듣고 의심을 내지 말아라. 마땅히 지성으로 받아 지녀서 읽고 외우며, 외우고는 베껴 써서 널리 남에게 말하여라. 이런 사람들은 한 생각 동안에 모든 행원을 다 성취할 것이며 그 얻는 복덕은 한량이 없고 끝이 없어 능히 번뇌의 고통의 바다에 빠진 중생들을 건져내어 마침내 생사에서 벗어나 아미타불의 극락세계에 왕생하게 될 것이다."

그 때에 보현보살은 이 뜻을 거듭 펴기 위해 널리 시방 세계를 두루 살피면서 게송을 설하셨다.

끝이 없는 시방세계 가운데
과거·현재·미래의 부처님들께

나의 청정한 몸과 말과 뜻으로
빠짐없이 두루 예배하오니

보현보살의 행과 원의 큰 힘으로
한량없는 부처님 앞에 나아가
한 몸으로 무수히 몸을 나투어
수없는 부처님께 예배합니다.

헤아릴 수 없이 수많은 부처님들
보살들 모인 가운데 각각 계시고
끝없는 법계의 티끌 속도 그와 같아서
부처님이 충만하심 깊이 믿으며

저마다 갖가지 음성으로써
다함없는 묘한 말씀 널리 펴내어
오는 세상 세월이 다할 때까지
부처님의 깊은 공덕 찬탄합니다.

아름답기 으뜸가는 온갖 꽃타래
좋은 음악 좋은 향수 좋은 일산들
이와 같이 훌륭한 장신구로써
시방삼세 부처님께 공양하오며

으뜸가는 좋은 의복 좋은 향들과
가루향과 사르는 향 등과 촛불을
하나하나 수미산과 같이 모아서
한량없는 부처님께 공양하오며

넓고 크고 지혜로운 이 마음으로
시방삼세 부처님을 깊이 믿어서
보현보살의 행과 원의 큰 힘으로
한량없는 부처님께 공양합니다.

지난 세상 내가 지은 모든 악업은
화 잘 내고 욕심 많고 어리석은 탓
몸과 말과 뜻으로 지었음이니
내가 이제 남김없이 참회합니다.

시방삼세 여러 종류 모든 중생과
성문 연각 배우는 이, 다 배운 이
모든 부처님과 보살의 온갖 공덕을
지성으로 받들어서 기뻐합니다.

시방세계 두루 비추시는 등불로
맨 처음 보리를 이루신 이께

위없는 묘한 법문 설해 달라고
내가 이제 지성으로 권하옵니다.

부처님이 열반에 드시려 할 때
오래 오래 이 세상에 머무르시어
모든 중생 건져내어 즐겁게 하길
모든 지성 기울여서 권하옵니다.

예경하고 찬탄하고 공양한 복덕
오래 계서 법문하심 청하온 공덕
기뻐하고 참회한 온갖 선근을
중생들과 보리도에 되돌립니다.

내가 여러 부처님을 따라 배우고
보현보살 원만한 행을 닦아 익혀서
지난 세상 시방세계 부처님들과
지금 계신 부처님께 공양하오며

여러 가지 즐거움이 원만하도록
오는 세상 부처님께 공양하옵고
삼세의 부처님을 따라 배워서
무상보리 성취하기 원하옵니다.

끝없는 시방삼세 모든 세계를
넓고 크고 청정하게 장엄하옵고
부처님을 대중들이 둘러 모시어
큰 보리수 아래 앉아 계시니

시방세계 살고 있는 모든 중생이
근심 걱정 다 여의어 항상 즐겁고
깊고 깊은 바른 법문 공덕 받아서
온갖 번뇌 남김없이 사라지이다.

내가 보리 얻으려고 수행할 때에
나는 세상 어디에서나 숙명통 얻고
날 때마다 출가하여 계행을 닦고
깨끗하고 온전하여 새지 않으며

천신과 용왕과 야차들과 구반다들과
사람들과 사람 아닌 것들에까지
그들이 쓰고 있는 여러 말로써
갖가지 음성으로 설법하였네.

청정한 바라밀을 힘써 닦아
어느 때나 보리심을 잊지 않았고

번뇌업장 남김없이 멸해 버리고
여러 가지 묘한 행을 성취하오며

연꽃 잎에 물방울이 붙지 않듯
해와 달이 허공에 머물지 않듯
모든 번뇌 모든 업 마군의 경계
세간 그 속에서 해탈 얻으니

일체악도(惡道) 온갖 고통 모두 없애고
중생에게 즐거움을 고루 주기를
끝없는 세월 다하도록 쉬지 않으며
시방중생 이롭게 함 한량없으리.

어느 때나 중생들을 따르리니
오는 세상 모든 세월 다할 때까지
보현보살 넓고 큰 행으로 항상 닦아서
위없는 보리도를 성취하리라.

나와 함께 보현행을 닦는 이들은
날 적마다 같은 곳에 함께 모이어
몸과 말과 뜻으로 하는 일 모두 같고
모든 수행 서원을 다 같이 닦으며

바른 길로 나를 돕는 선지식들도
우리에게 보현행을 일러주시고
어느 때나 나와 함께 모여서
즐거운 맘 내시기를 원하옵니다.

바라건대 부처님을 만나 뵈올 때
보살들에 둘러싸여 계심을 항상 뵈옵고
광대하온 좋은 공양 항상 올리고
오는 세상 다하도록 지칠 줄 몰라

부처님의 묘한 법을 모두 지니고
일체의 보리행을 빛나게 하며
청정한 보현의 도 항상 닦아서
오는 세상 다하도록 익혀지이다.

시방법계 모든 곳에 두루 다니며
내가 지은 복과 지혜 다함이 없고
선정·지혜 모든 방편 해탈삼매로
그지없는 모든 공덕 모두 이루리.

한 티끌 가운데 수많은 세계가 있고
그 세계마다 한량없는 부처님 계시고

곳곳마다 많은 대중 모인 가운데
보리행을 연설하심 내 항상 뵙네.

끝없는 시방세계 법계 바다에
털끝만한 곳곳마다 삼세의 바다
한량없는 부처님과 많은 국토에
두루두루 오랜 세월 수행하오리.

부처님의 말씀하심 청정하셔라
한 말씀 속 여러 가지 음성 갖추고
모든 중생 뜻에 맞는 좋은 음성이
음성마다 부처님의 변재이시라.

시방세계 한량없는 부처님께서
어느 때나 그지없는 그 말씀으로
깊은 이치 묘한 법문 연설하심은
내 지혜로 깊이깊이 들어가리라.

다가오는 세상까지 깊이 들어가
오랜 세월을 다하여 한 생각 만들고
과거·현재·미래의 모든 세월을
한 생각 만드는 데로 들어가리라.

삼세의 한량없는 부처님들을
한 생각 속에서도 모두 뵈오며
부처님의 경계 속에 늘 들어감은
요술 같은 해탈의 위력이어라.

한 터럭 아주 작은 티끌 속에서
삼세의 장엄한 세계 나타나며
시방의 티끌 세계 터럭 끝마다
모두 깊이 들어가 장엄하리라.

오는 세상 두루 비출 밝은 등불들
부처되어 설법하고 교화하시며
부처님 일 마치시고 열반에 드시면
내가 두루 나아가서 섬기오리라.

재빠르게 두루 도는 신통의 힘
넓은 문에 두루 드는 대승의 힘
지혜와 행 널리 닦은 공덕의 힘
위신으로 널리 덮는 자비의 힘

깨끗하게 장엄한 복덕의 힘
집착없고 의지 없는 지혜의 힘

선정 지혜 모든 방편 위신의 힘
두루 널리 쌓아 모은 보리의 힘

모든 것을 청정케 하는 선업의 힘
온갖 번뇌 멸하는 꿋꿋한 힘
온갖 마군을 항복받는 거룩한 힘
보현행을 원만하게 닦은 힘으로

끝없는 모든 세계 청정장엄해
한량없는 모든 중생 해탈케 하며
그지없는 모든 법을 분별 잘하여
지혜바다 깊이깊이 들어가리라.

어디서나 모든 행을 청정히 닦고
가지가지 모든 원을 원만히 하며
부처님을 친히 모셔 공양하고
오랜 세월 싫증없이 수행하며

과거·현재·미래세의 모든 부처님
가장 좋은 보리 위한 행과 원을
내가 모두 공양하고 원만히 닦아
보현의 큰 행으로 도를 이루리.

온 세계 부처님의 맏아들은
그 이름하여 보현보살님
내가 이제 모든 선근 돌려주고
지혜와 행이 나도 그와 같아지이다.

몸과 말과 마음까지 늘 깨끗하고
모든 행과 세계도 그러하기를
이런 지혜 이름하여 보현이시니
바라건대 나도 그와 같아지이다.

나는 이제 거룩한 보현의 행과
문수보살 크신 서원 깨끗이 하여
저 일들 남김없이 성취하리니
오는 세상 다하도록 싫증내지 않으리.

한량없는 많은 수행 모두 닦아서
그지없는 모든 공덕 다 이루고
끝이 없는 모든 행에 머물러 있어
가지가지 신통력을 깨달으리라.

문수보살 용맹하고 크신 지혜와
보현보살 지혜의 행 사무치고자

내가 이제 모든 선근 돌려보내어
그 일들을 항상 따라 배우오리다.

삼세의 부처님들 칭찬을 하신
이와 같이 훌륭하고 크신 서원들
내가 이제 그 선근을 돌려보내어
거룩한 보현행을 얻고자 합니다.

원컨대 이 목숨 마치려 할 때
온갖 번뇌 모든 업장 없애고서
아미타 부처님을 만나 뵈옵고
머무름 없이 정토왕생하려 합니다.

내 몸이 저 세계에 가서 난 다음
그 자리서 이 큰 서원 모두 이루고
온갖 것을 남김없이 성취하여서
일체중생을 기쁘게 하리다.

저 부처님께 모인 대중 청정하여라
나는 이 때 연꽃 위에 태어나리니
아미타 부처님을 친히 뵈오면
그 자리서 보리수기 내게 주시리.

부처님의 보리수기 받들고 나서
마음대로 백억화신 나타내어
크고 넓은 시방세계 두루다니며
이 지혜로 일체중생 건지리니.

허공계와 중생계가 다하면
이내 원도 그와 함께 끝나겠지만
중생의 업과 번뇌 끝이 없으니
나의 원도 끝내 다함이 없으리.

끝없는 시방세계 가득히 쌓은
온갖 보배로써 부처님께 공양한대도
가장 좋은 기쁨으로 천상인간을
무량겁이 다하도록 보시한대도

어떤 이가 거룩한 이 서원을
한번 듣고 지성으로 믿음을 내어
무상보리 구하려고 우러른다면
그 공덕이 저 복보다 훨씬 나으리.

나쁜 벗은 언제나 멀리 여의며
영원토록 나쁜 세상 만나지 않아

아미타 부처님을 속히 뵈옵고
보현보살 좋은 서원 갖추리니

이 사람은 훌륭한 목숨을 얻고
이 사람은 날 때마다 사람 몸 받고
이 사람은 오래잖아 보현보살의
크고 넓은 행원을 성취하리라.

지난 날 어리석고 지혜 없어서
다섯 가지 무간죄를 지었더라도
보현보살 이 서원을 읽고 외우면
한 생각에 죄업이 소멸하리니.

날 때마다 훌륭한 가문 좋은 얼굴과
복과 지혜 모든 공덕 다 원만하여
마군이나 외도들이 범접하지 못하니
삼계중생 좋은 공양 받으리라.

오래잖아 보리수 아래 앉아서
여러 마군들의 항복받나니
정각을 성취하고 법을 설하여
모든 중생 빠짐없이 이익주리라.

누구든지 보현보살 이 서원을
읽고 외워 받아 지녀 말한다면
부처님이 그 과보를 아시리니
반드시 보리도를 얻게 되리라.

누구든지 보현원을 읽고 외우라
그 선근의 한 부분을 내 말하리니
한 생각에 모든 공덕 다 성취하고
중생들의 청정한 원 성취하리라.

내가 지은 거룩한 보현보살의 행
그지없이 훌륭한 복 다 돌려주어
고해에 빠진 모든 중생이
하루속히 극락정토에 어서 가소서.

이때에 보현보살이 부처님 앞에서 이 넓고 큰 보현의 서
원과 청정한 게송을 읊으시니 선재동자는 크게 기뻐하였
고 여러 보살들은 모두 크게 즐거워했으며 부처님은 '그
렇다, 그렇다'라고 찬탄하셨다.
　부처님이 여러 보살들과 함께 이같이 불가사의한 해탈
경계의 훌륭한 법문을 연설하실 때, 문수사리보살을 비
롯한 큰 보살들과 그 보살들이 성숙시킨 6천의 비구와 미

륵보살을 비롯한 현세의 보살들과 무구보현보살을 비롯한 일생보처로서 관정위에 있는 큰 보살들과 시방세계에서 모인 수없이 많은 보살들과 큰 지혜를 가진 사리불, 마하목건련 등을 비롯한 큰 성문들과 인간과 천상과 세간의 모든 주인들과 하늘·용·건달바·아수라·가루라·긴나라·마후라가·인·비인 등 모든 대중들이 부처님의 말씀을 듣고 다들 크게 기뻐하면서 믿고 받들며 그렇게 행하였다.